## 한자의 3요소

한자(漢字)는 하나의 글자가 모양·뜻·소리를 함께 나타내는 뜻글자입니다.

| 모양 | 日 | 月 | 川 |
|---|---|---|---|
| 뜻 | 날 | 달 | 내 |
| 소리 | 일 | 월 | 천 |

## 한자를 쓰는 순서

1: 왼쪽부터 하나씩 오른쪽으로 써나갑니다.

川 → ノ 川 川

2. 위부터 하나씩 아래로 써내려갑니다.

三 → 一 二 三

3. 가로세로가 교차하면 가로부터 씁니다.

十 → 一 十

4. 삐침(／)과 파임(＼)이 만날 때는 삐침부터 씁니다.

大 → 一 ナ 大

5. 가운데가 있고 좌우가 대칭이면 가운데부터 씁니다.

小 → 亅 小 小

6. 바깥쪽과 안쪽이 있을 때는 바깥쪽부터 씁니다.

目 → 丨 冂 冃 月 目

7. 전체를 꿰뚫는 획은 마지막에 씁니다.

女 → く 女 女

8. 오른쪽 위의 점은 마지막에 씁니다.

犬 → 一 ナ 大 犬

## BIG PICTURE

랭컴출판사의 빅픽처는 쉽고 재미있게 즐기면서 신나게 공부할 수 있는
색칠공부와 따라쓰기 교재를 연구하고 개발하는 사람들이 모여서
큰 그림을 그리면서 적극적으로 활동하고 있습니다.

### 엄마가 골라주는
### 어린이 한자 1 따라쓰기

2023년 03월 25일 초판 1쇄 인쇄
2025년 09월 15일 초판 5쇄 발행

**지은이** BIG PICTURE
**발행인** 손건
**편집기획** 김상배, 장수경
**마케팅** 최관호, 김재명
**디자인** Purple
**제작** 최승용
**인쇄** 선경프린테크

**발행처** LanCom 랭컴
**주소** 서울시 영등포구 영신로34길 19, 3
**등록번호** 제 312-2006-00060호
**전화** 02) 2636-0895
**팩스** 02) 2636-0896
**홈페이지** www.lancom.co.kr
**이메일** elancom@naver.com

ⓒ 랭컴 2023
ISBN 979-11-92199-34-4  73710

이 책의 저작권은 저자에게 있습니다. 저자와 출판사의 허락없이
내용의 일부를 인용하거나 발췌하는 것을 금합니다.

엄마가 골라주는

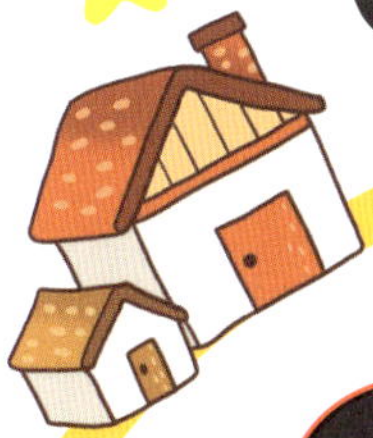

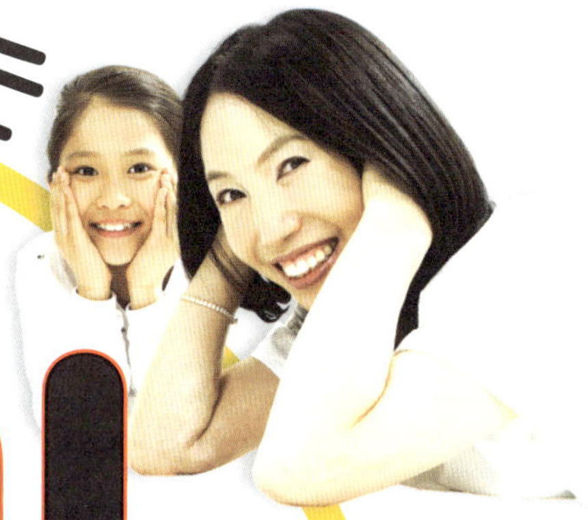

# 어린이 한자 1 따라쓰기

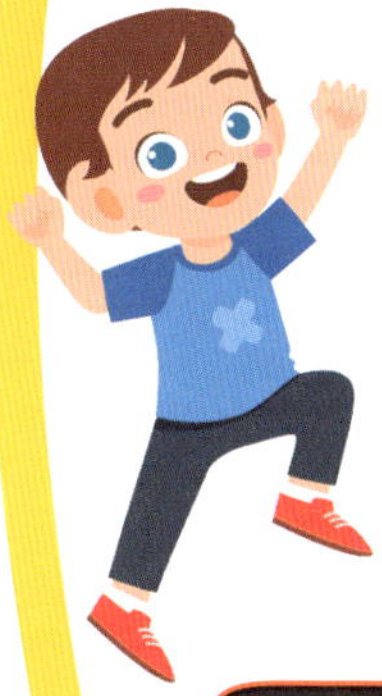

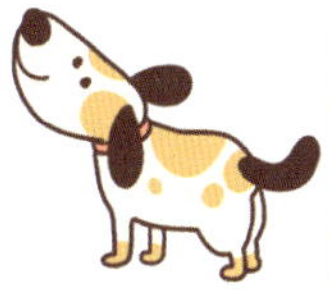

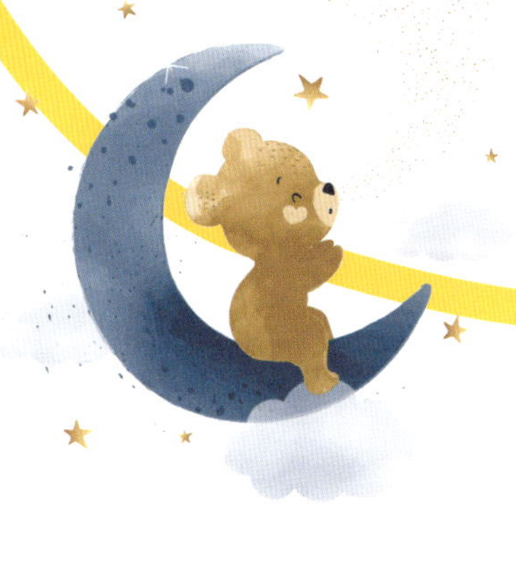

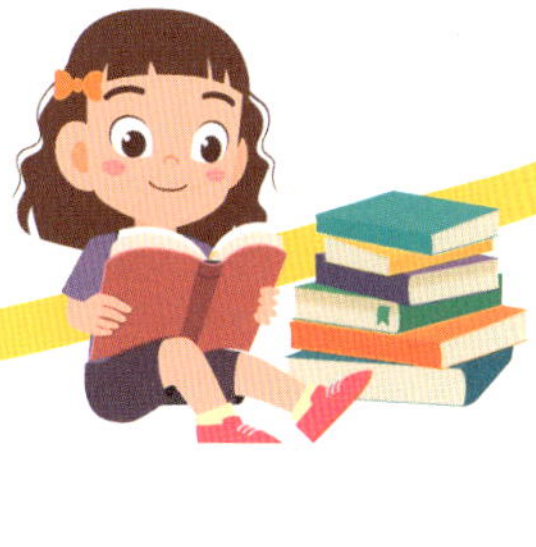

LanCom
Language & Communication

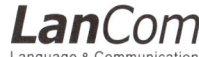

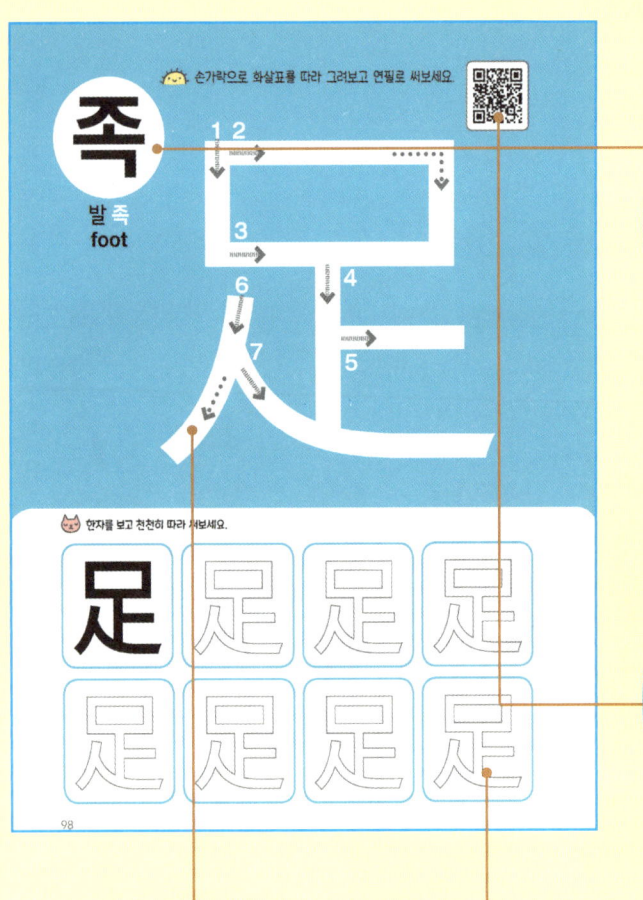

한글로 한자의 음(소리)을 크게 표시했어요. 금방 눈에 들어오죠. 한자의 뜻과 음(소리)을 크게 소리내어 읽어봐요. 덤으로 영어 단어도 가져가요.

스마트폰으로 QR코드를 찰칵 해보세요. 한자의 쓰기 순서가 천천히 동영상으로 나오죠. 아주 쉽게 따라 쓸 수 있어요.

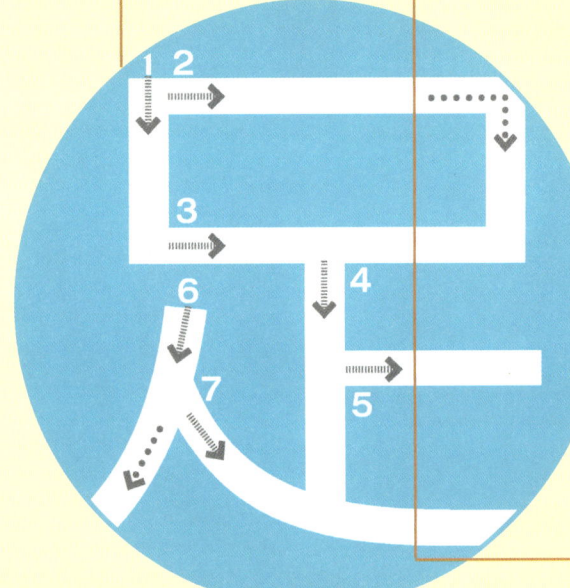

표제 한자는 50자로 이루어져 있어요.
모두 쓰기 편하도록 아주 큰 글자로 표기했지요.
먼저 숫자대로 화살표를 따라 손가락으로 그려보세요.
그리고 연필로 천천히 써보세요.

자, 위에서 한자의 쓰기 순서를 익혔나요?
아직 모르겠다면 다시 한자 위에 따라쓰기를 해보세요.
예쁘게 따라쓰기를 할 수 있도록 7개의 한자를 네모칸
에 두었어요. 여러 번 반복해서 연습할 수 있죠.

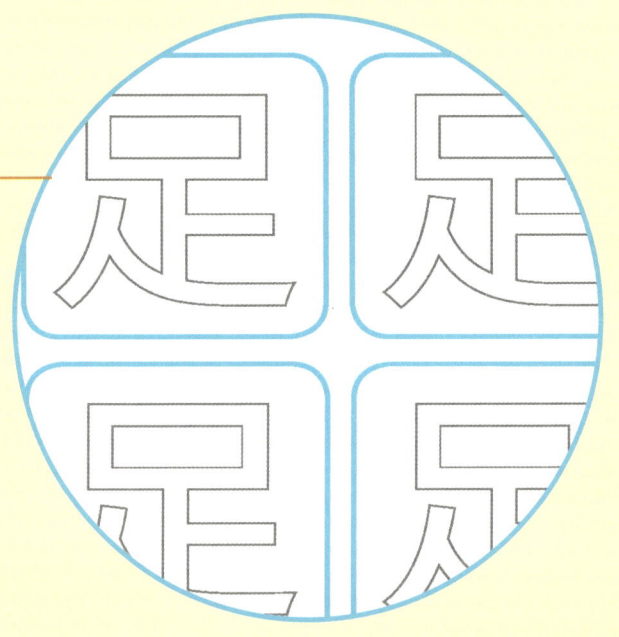

한자가 단어에서는 어떻게 쓰이는지 확인해요. 한자 위에는 음(소리)이고, 아래는 단어의 뜻이에요. 단어를 큰 소리로 읽어보세요.

한자에 알맞는 그림을 두었어요. 그림을 보면서 상상해보세요. 훨씬 기억에 오래 남을 거예요.

색연필을 준비하세요. 한자 쓰기 순서에 따라 여러 가지 색깔로 예쁘게 색칠해보세요. 그럼 한자가 그림처럼 느껴질 거예요.

이제 마무리해요. 한자를 보지 말고 네모칸에 또박또박 써보세요. 물론 네모 빈칸을 모두 채워야겠죠.

# 일

**하나 일**
one

1

🐱 한자를 보고 천천히 따라 써보세요.

一

단어를 큰소리로 읽고 그림 한자를 예쁘게 색칠해요.

*1일, 하루

*한 사람

*한 집안

*똑같음

한자를 보지 말고 또박또박 써보세요.

# 이
## 둘 이
**two**

손가락으로 화살표를 따라 그려보고 연필로 써보세요.

1 →

2 →

한자를 보고 천천히 따라 써보세요.

二

☁️ 단어를 큰소리로 읽고 그림 한자를 예쁘게 색칠해요.

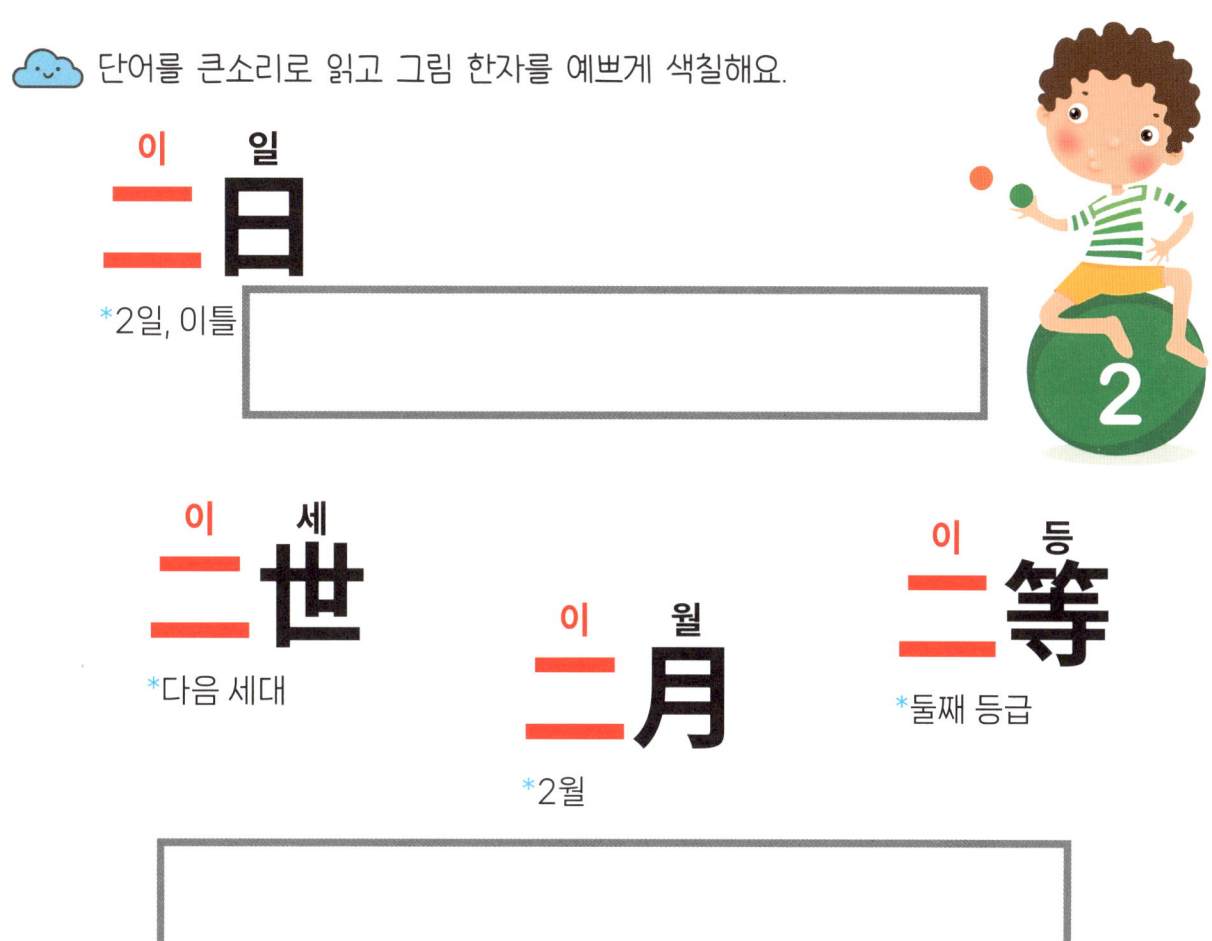

**이 일**
二日
*2일, 이틀

**이 세**
二世
*다음 세대

**이 월**
二月
*2월

**이 등**
二等
*둘째 등급

🐱 한자를 보지 말고 또박또박 써보세요.

 손가락으로 화살표를 따라 그려보고 연필로 써보세요.

셋 삼
**three**

1

2

3

🐱 한자를 보고 천천히 따라 써보세요.

三

🌥️ 단어를 큰소리로 읽고 그림 한자를 예쁘게 색칠해요.

**삼** 분
三分
*3분

**삼** 색
三色
*세 가지의 색

**삼** 촌
三寸
*아빠의 친형제

**삼** 각
三角
*세모

🐱 한자를 보지 말고 또박또박 써보세요.

손가락으로 화살표를 따라 그려보고 연필로 써보세요.

넷 사
four

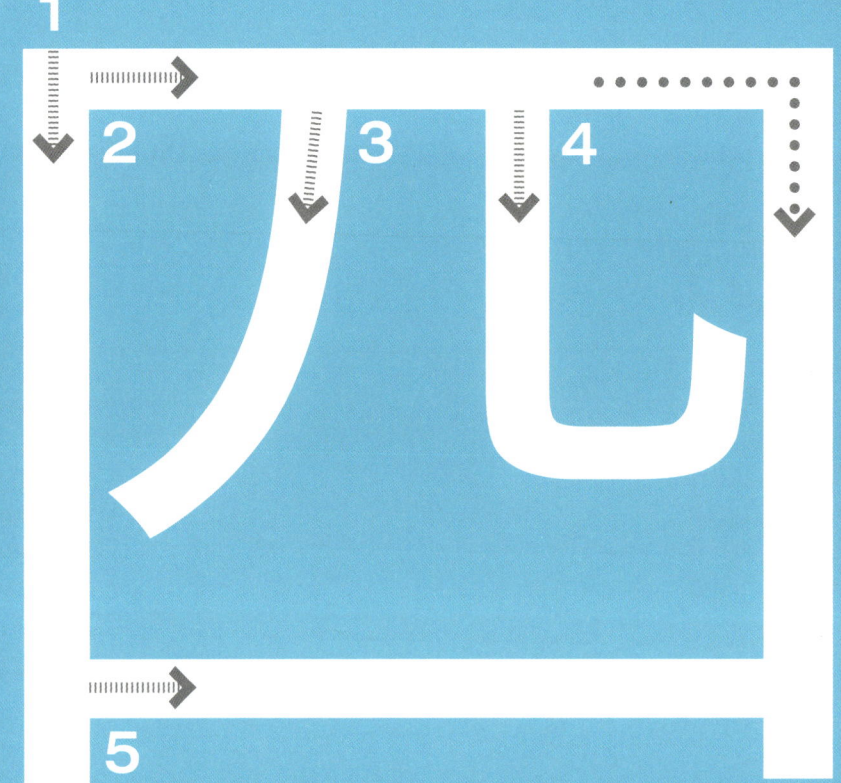

한자를 보고 천천히 따라 써보세요.

단어를 큰소리로 읽고 그림 한자를 예쁘게 색칠해요.

**사 촌**
**四寸**
*아빠 친형제의 아들딸

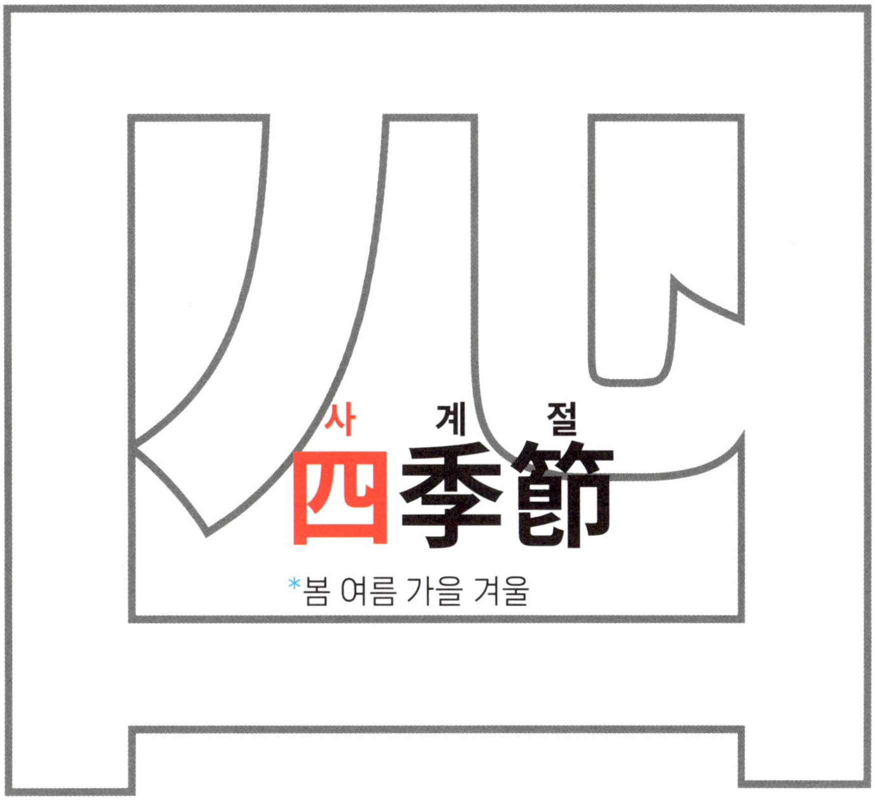

**사 방**
**四方**
*동서남북의 네 방향

**사 계 절**
**四季節**
*봄 여름 가을 겨울

**사 각**
**四角**
*네모꼴

4

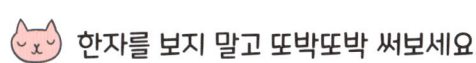 한자를 보지 말고 또박또박 써보세요.

## 오
**다섯** 오
**five**

손가락으로 화살표를 따라 그려보고 연필로 써보세요.

한자를 보고 천천히 따라 써보세요.

단어를 큰소리로 읽고 그림 한자를 예쁘게 색칠해요.

오월
**五月**
*5월

오색
**五色**
*다섯 가지 빛깔

오감
**五感**
*다섯 가지 감각

오대양
**五大洋**
*지구의 다섯 큰 바다

한자를 보지 말고 또박또박 써보세요.

👍 다음 한자를 보고 알맞는 음(소리)을 선으로 연결해보세요.

二　　　　　　　　　일
五　　　　　　　　　삼
三　　　　　　　　　오
一　　　　　　　　　사
四　　　　　　　　　이

🍦 다음 한자의 음훈(소리와 뜻)을 보고 알맞는 한자에 동그라미를 치세요

다섯 오　　一　二　三　四　五

넷 사　　一　二　三　四　五

둘 이　　一　二　三　四　五

하나 일　　一　二　三　四　五

셋 삼　　一　二　三　四　五

다음 밑줄 친 한자의 독음(읽는 소리)을 동그라미에 써넣으세요.

○ <u>二</u>일        ○ <u>五</u>대양

○ <u>二</u>월        ○ 동<u>二</u>

○ <u>三</u>촌        ○ <u>二</u>등

○ <u>四</u>방        ○ <u>三</u>각

○ <u>五</u>감        ○ <u>四</u>계절

다음 음훈(소리와 뜻)에 알맞는 한자를 네모 칸에 써넣으세요.

| | | | |
|---|---|---|---|
| | | | |

넷 사    셋 삼    둘 이    다섯 오

육

여섯 육
six

손가락으로 화살표를 따라 그려보고 연필로 써보세요.

한자를 보고 천천히 따라 써보세요.

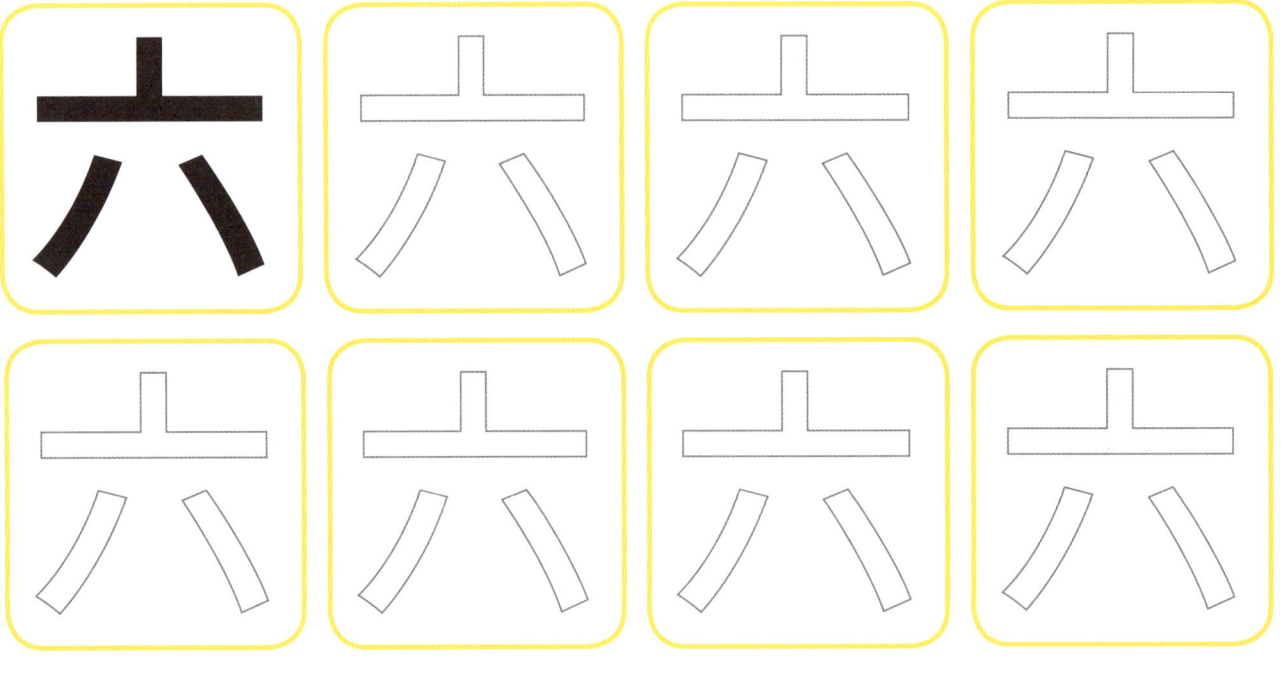

☁️ 단어를 큰소리로 읽고 그림 한자를 예쁘게 색칠해요.

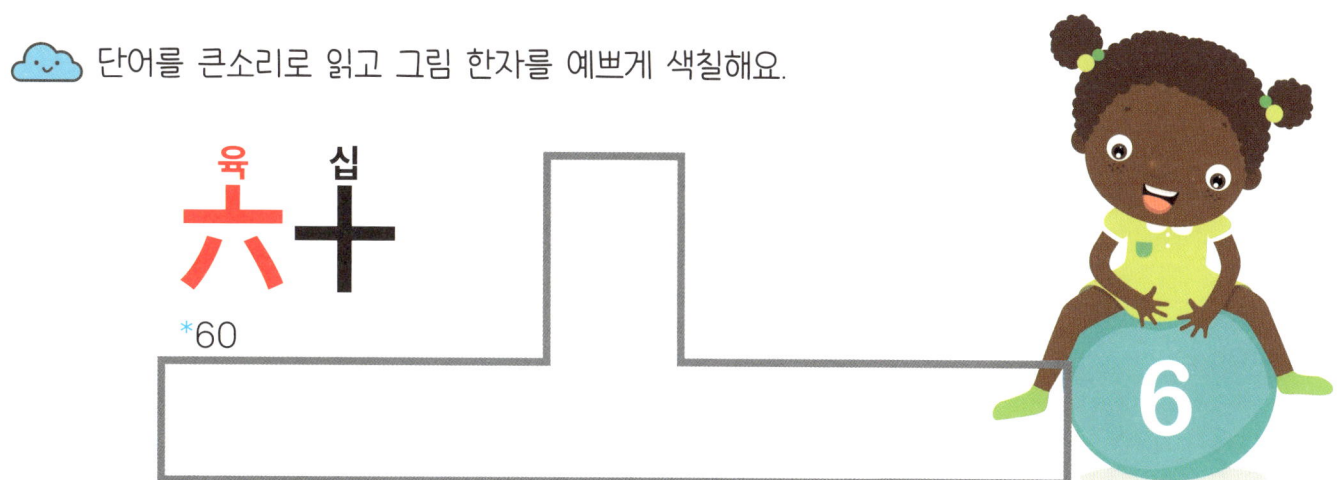

六十
*60

六月
*6월, 유월

六學年
*6학년

六面
*여섯 개의 면

🐱 한자를 보지 말고 또박또박 써보세요.

손가락으로 화살표를 따라 그려보고 연필로 써보세요.

# 칠

일곱 칠

**seven**

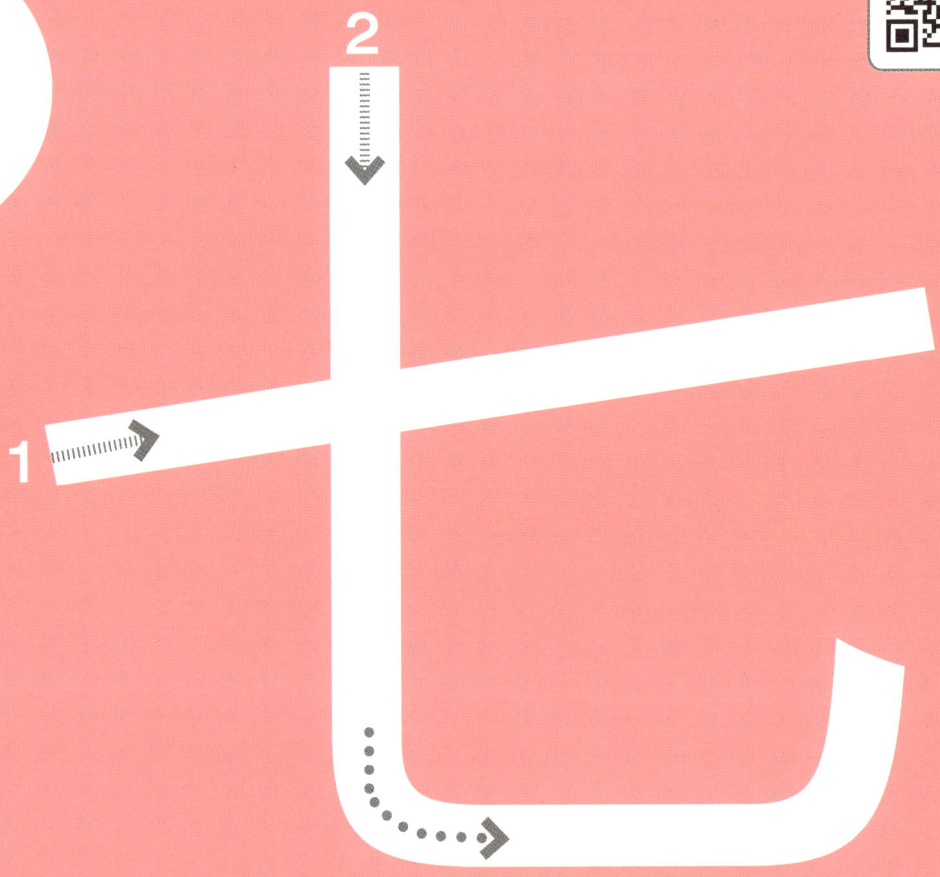


한자를 보고 천천히 따라 써보세요.

| | | | |
|---|---|---|---|
| 七 | 七 | 七 | 七 |
| 七 | 七 | 七 | 七 |

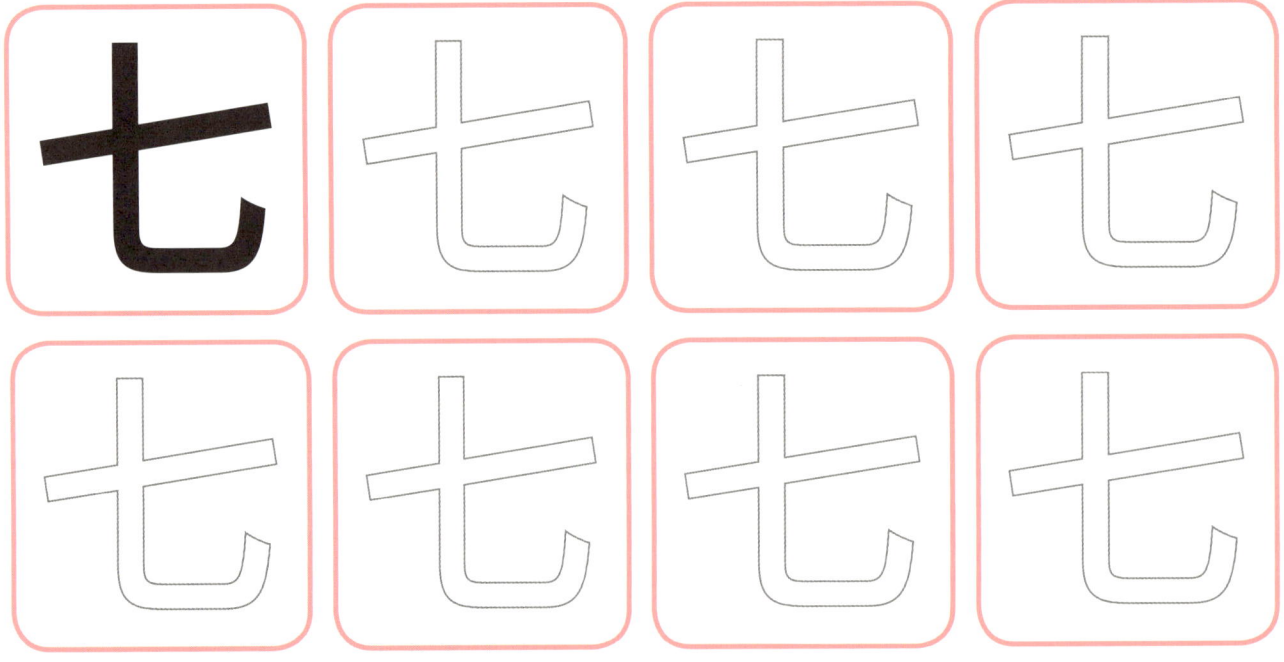

☁️ 단어를 큰소리로 읽고 그림 한자를 예쁘게 색칠해요.

칠 월
**七月**
*7월

칠 일
**七日**
*7일

북두 칠 성
**北斗七星**
*국자 모양으로 된 일곱 개의 별

칠 순
**七旬**
*일흔 살, 70세

🐱 한자를 보지 말고 또박또박 써보세요.

# 팔

여덟 팔
eight

손가락으로 화살표를 따라 그려보고 연필로 써보세요.

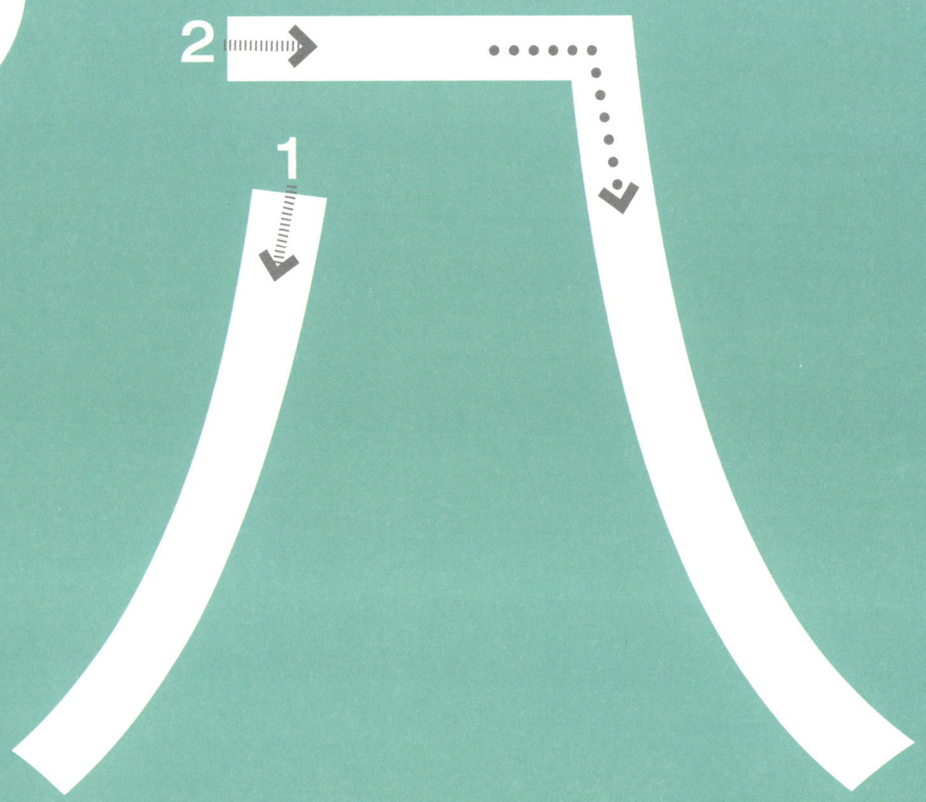

한자를 보고 천천히 따라 써보세요.

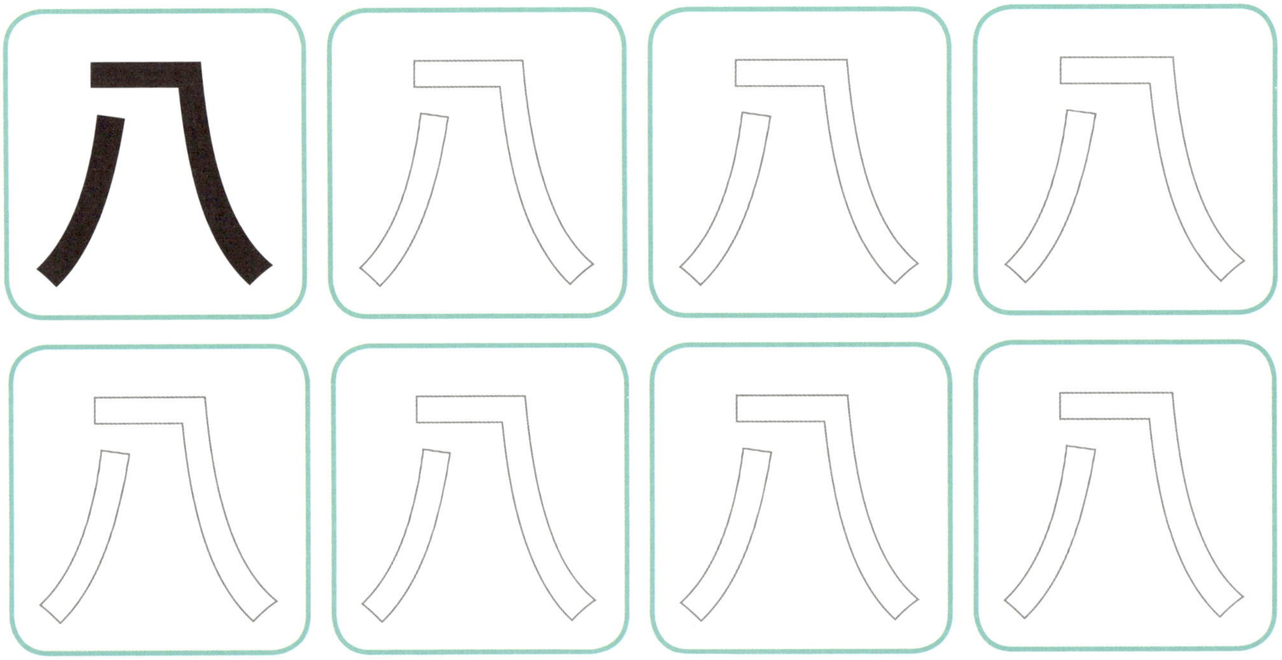

☁️ 단어를 큰소리로 읽고 그림 한자를 예쁘게 색칠해요.

**팔일** 八日
*8일

**팔월** 八月
*8월

**팔도** 八道
*우리나라 전국

**팔방** 八方
*이곳저곳

8

🐱 한자를 보지 말고 또박또박 써보세요.

😊 손가락으로 화살표를 따라 그려보고 연필로 써보세요.

# 구
아홉 구
**nine**

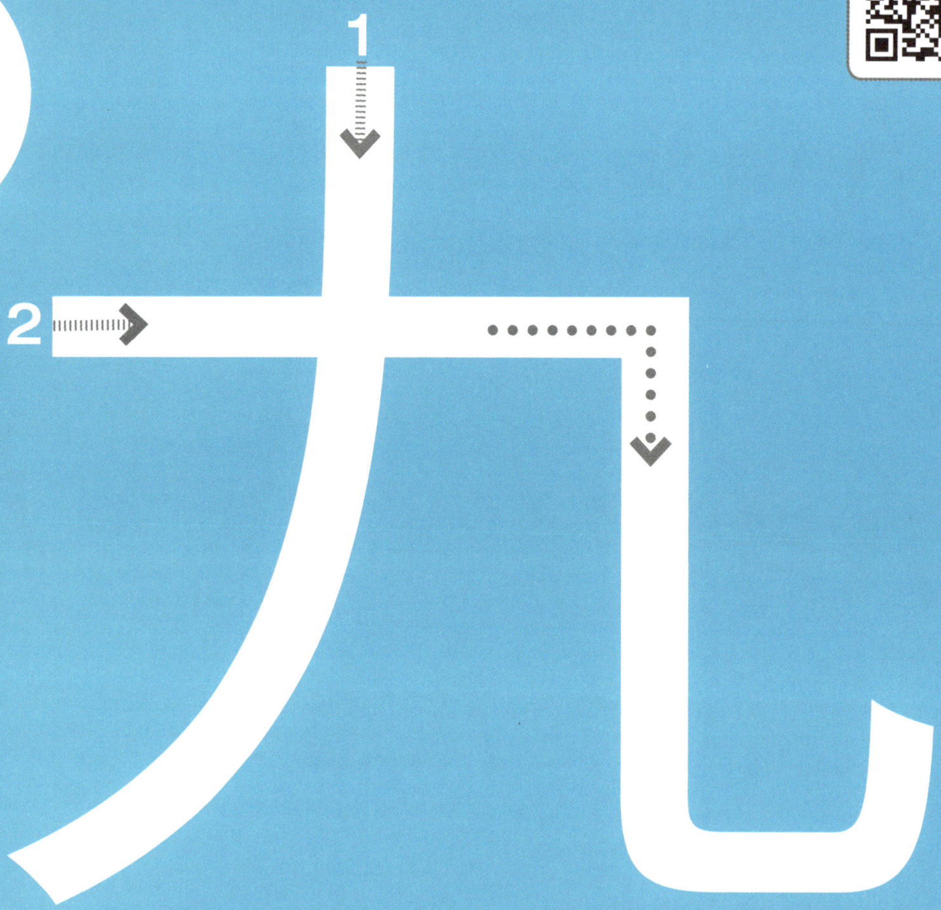

九

🐱 한자를 보고 천천히 따라 써보세요.

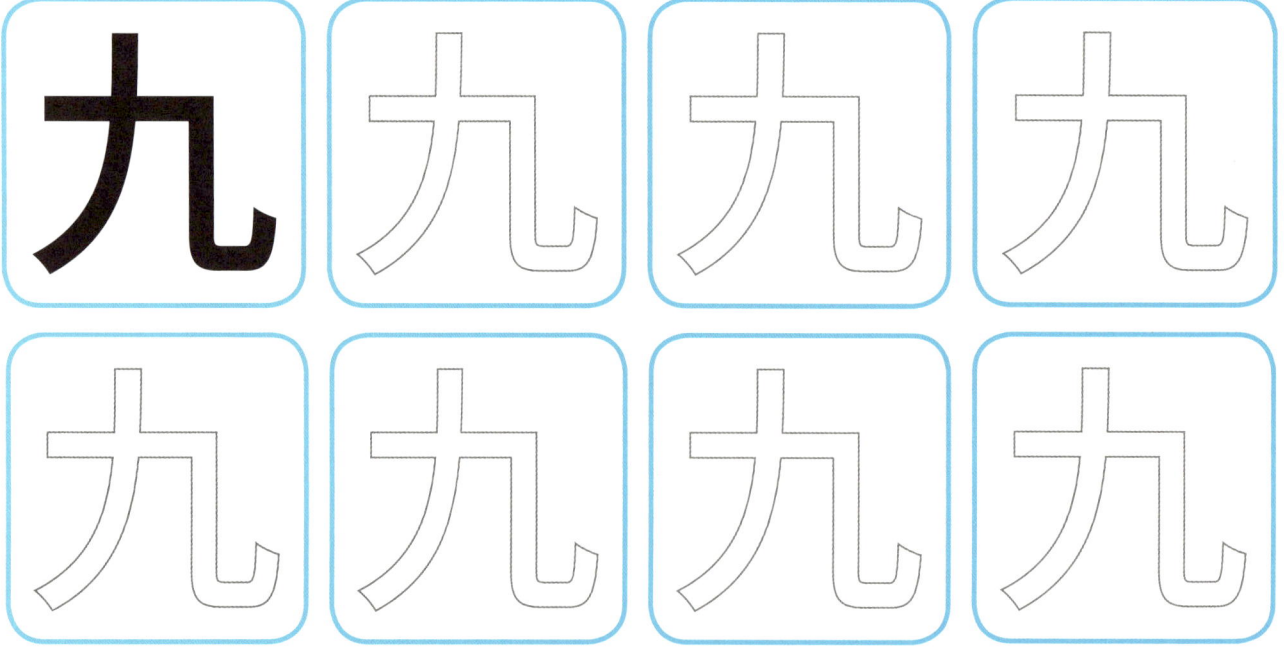

단어를 큰소리로 읽고 그림 한자를 예쁘게 색칠해요.

**9**

八九月
팔 구 월
*8월이나 9월

九九段
구 구 단
*곱셈

九十
구 십
*90

九官鳥
구 관 조
*사람의 말을 잘 흉내 내는 새

한자를 보지 말고 또박또박 써보세요.

# 십

열 십
ten

손가락으로 화살표를 따라 그려보고 연필로 써보세요.

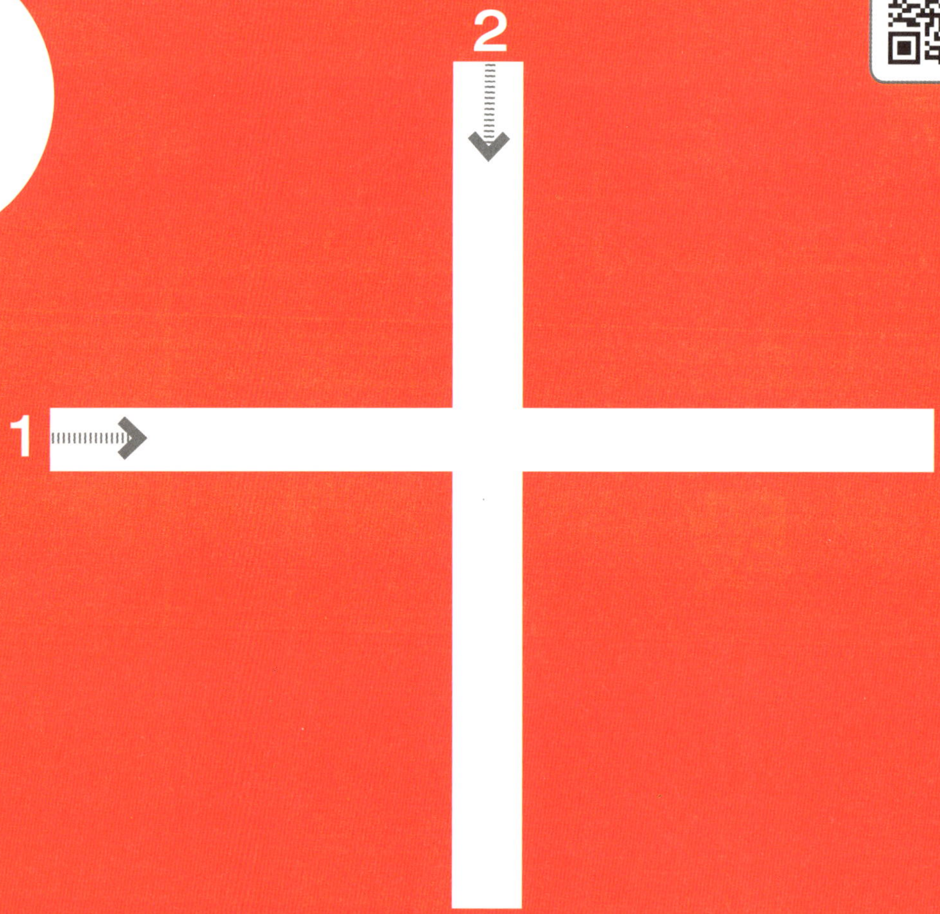


한자를 보고 천천히 따라 써보세요.

| | | | |
|---|---|---|---|
| 十 | 十 | 十 | 十 |
| 十 | 十 | 十 | 十 |

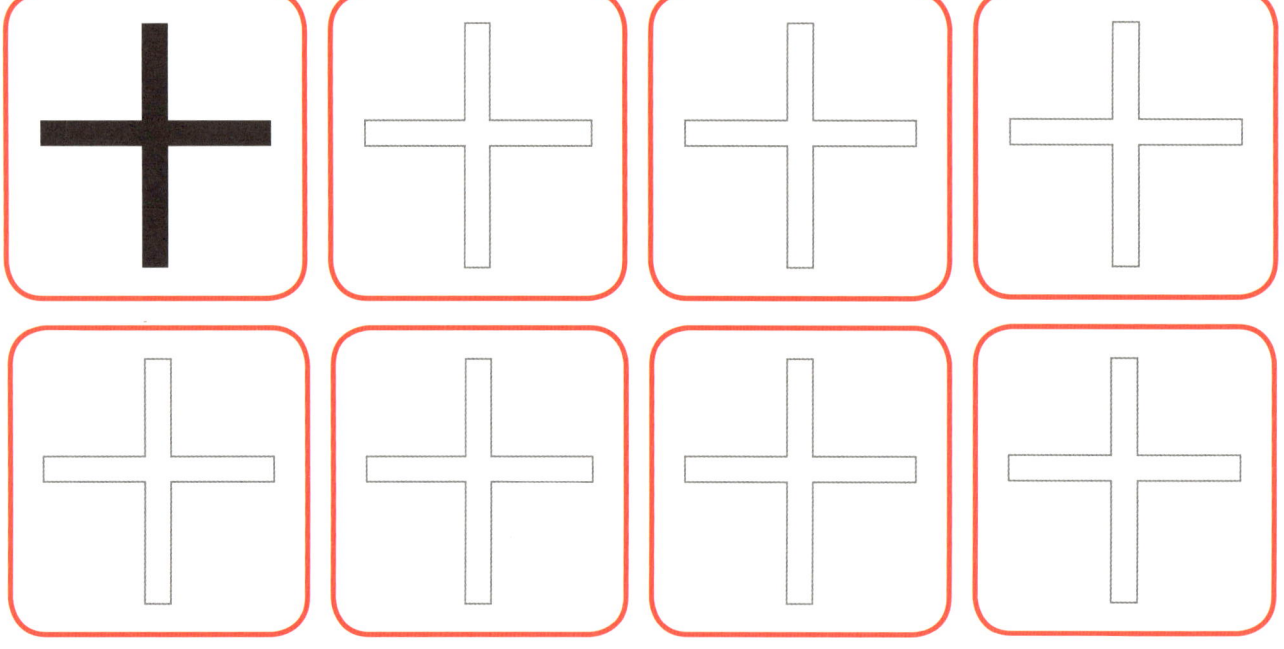

🌥️ 단어를 큰소리로 읽고 그림 한자를 예쁘게 색칠해요.

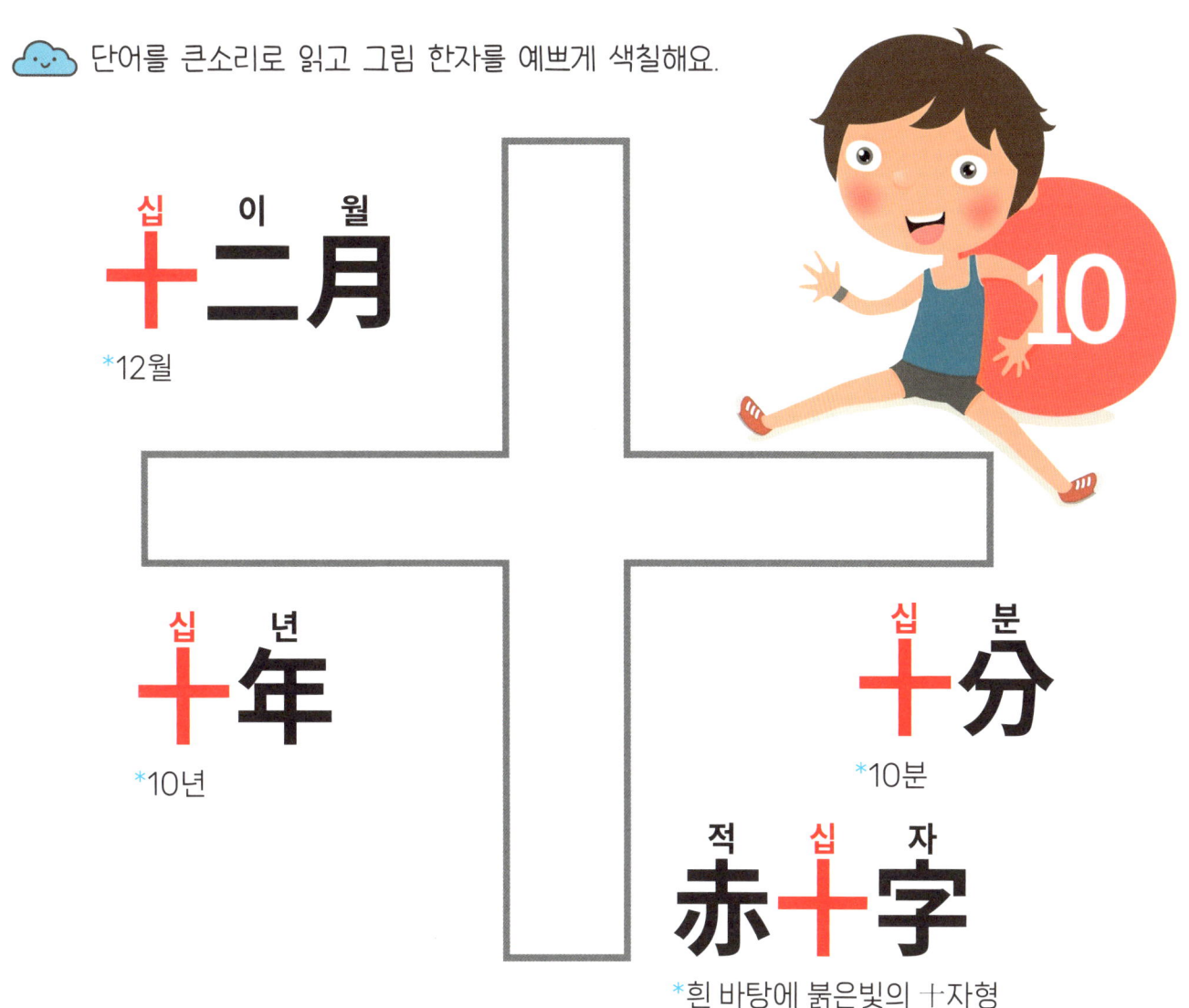

**십** 이 월
**十**二月
*12월

**십** 년
**十**年
*10년

**십** 분
**十**分
*10분

적 **십** 자
赤**十**字
*흰 바탕에 붉은빛의 十자형

🐱 한자를 보지 말고 또박또박 써보세요.

👍 다음 한자를 보고 알맞은 음(소리)을 선으로 연결해보세요.

| 八 七 十 六 九 | 육 십 팔 구 칠 |

🍦 다음 한자의 음훈(소리와 뜻)을 보고 알맞는 한자에 동그라미를 치세요

여덟 **팔**    六 七 八 九 十

일곱 **칠**    六 七 八 九 十

여섯 **육**    六 七 八 九 十

열 **십**    六 七 八 九 十

아홉 **구**    六 七 八 九 十

다음 밑줄 친 한자의 독음(읽는 소리)을 동그라미에 써넣으세요.

○ 六면          ○ 적十자

○ 七일          ○ 六학년

○ 八방          ○ 북두七성

○ 九십          ○ 八도

○ 十분          ○ 九구단

다음 음훈(소리와 뜻)에 알맞는 한자를 네모 칸에 써넣으세요.

| | | | |
|---|---|---|---|
| 열 십 | 일곱 칠 | 아홉 구 | 여섯 육 |

**일**

해, 날 일
sun, day

손가락으로 화살표를 따라 그려보고 연필로 써보세요.

한자를 보고 천천히 따라 써보세요.

단어를 큰소리로 읽고 그림 한자를 예쁘게 색칠해요.

**일 시**
**日 時**
*날짜와 시간

**매 일**
**每 日**
*그날그날

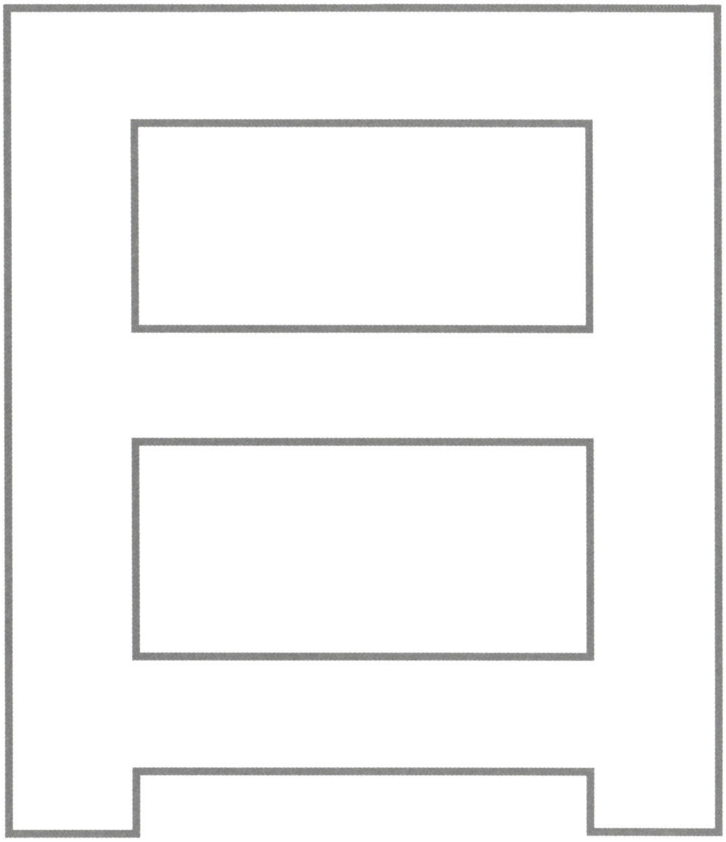

**일 출**
**日 出**
*해가 돋음

**생 일**
**生 日**
*태어난 날

한자를 보지 말고 또박또박 써보세요.

🌞 손가락으로 화살표를 따라 그려보고 연필로 써보세요.

달 월
moon

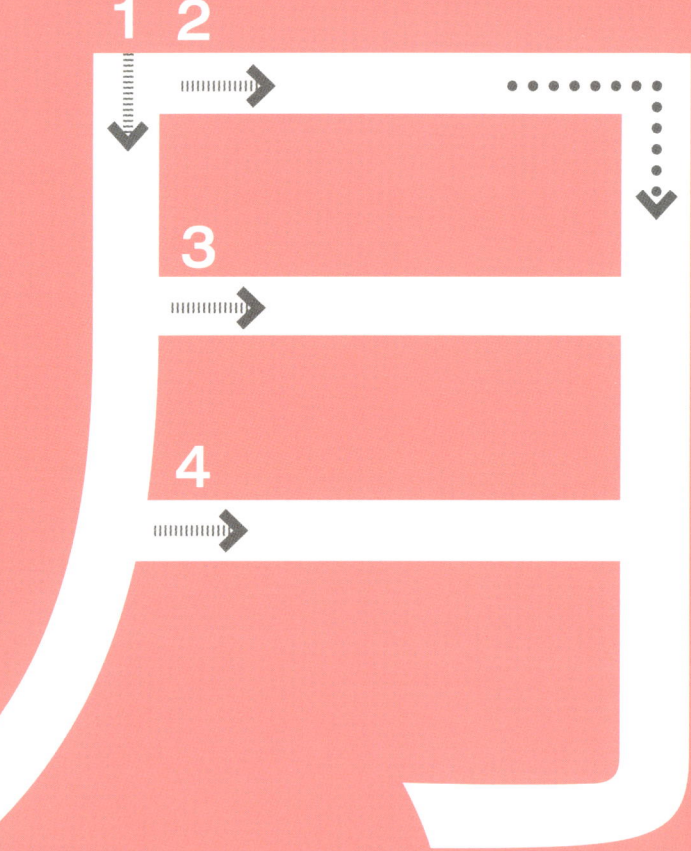

🐱 한자를 보고 천천히 따라 써보세요.

단어를 큰소리로 읽고 그림 한자를 예쁘게 색칠해요.

**月日** 월일
*달과 해(날)

**每月** 매월
*매달

**月光** 월광
*달빛

**月末** 월말
* 그 달의 끝

한자를 보지 말고 또박또박 써보세요.

# 화

불 화
fire

손가락으로 화살표를 따라 그려보고 연필로 써보세요.

한자를 보고 천천히 따라 써보세요.

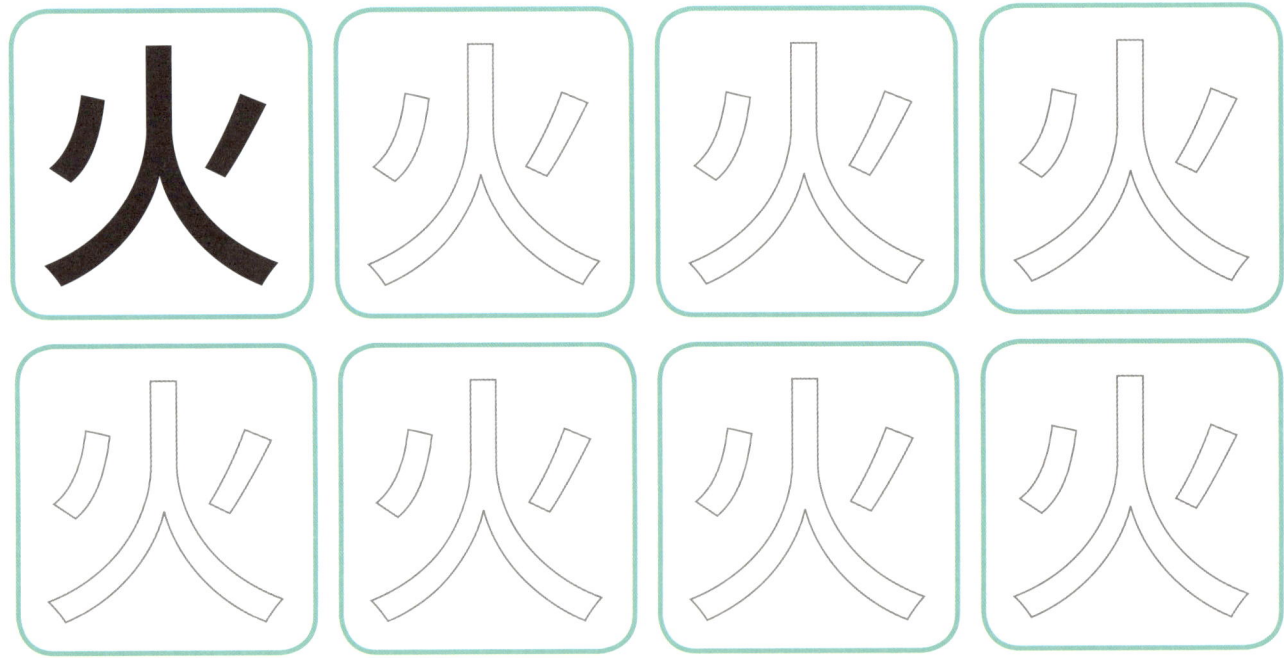

단어를 큰소리로 읽고 그림 한자를 예쁘게 색칠해요.

**화력**
**火力**
*불의 힘

**화산**
**火山**
*분화산, volcano

**화성**
**火星**
*태양계의 네 번째 별

**화요일**
**火曜日**
*한 주일의 세 번째 날

한자를 보지 말고 또박또박 써보세요.

☀️ 손가락으로 화살표를 따라 그려보고 연필로 써보세요.

# 수
## 물 수
### water

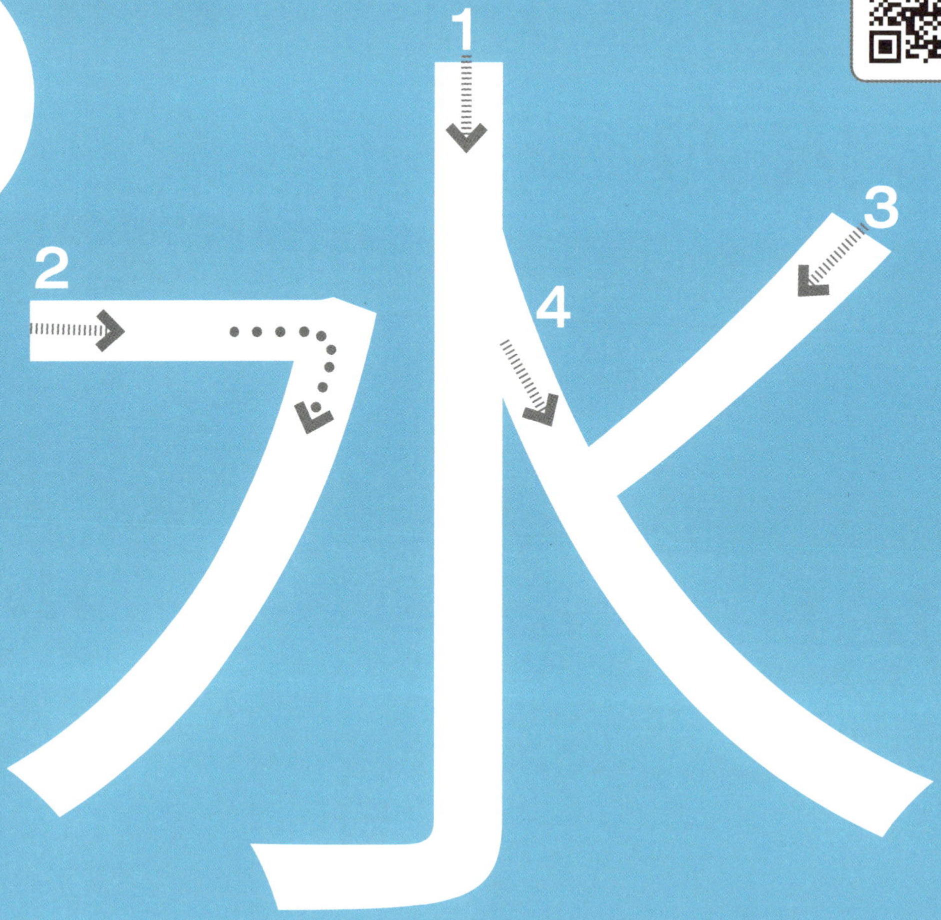

水

🐱 한자를 보고 천천히 따라 써보세요.

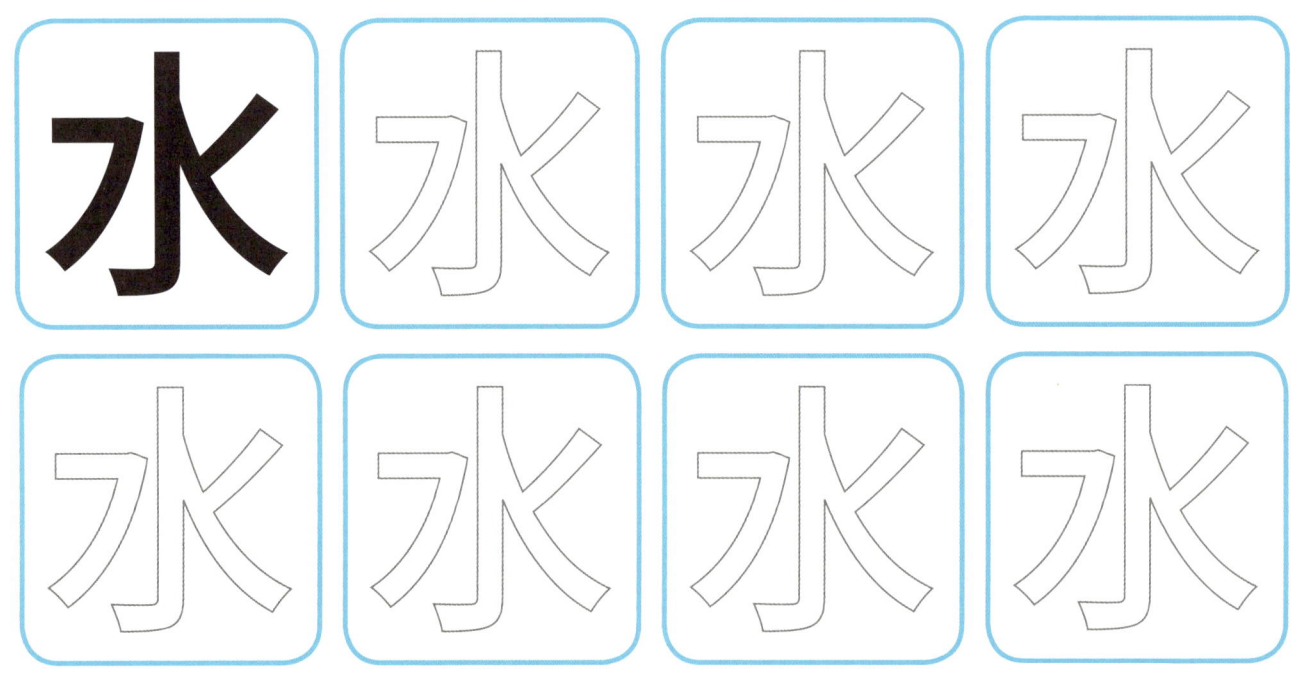

단어를 큰소리로 읽고 그림 한자를 예쁘게 색칠해요.

水中
*물속

水泳
*헤엄

冷水
*차가운 물

淨水
*깨끗한 물

한자를 보지 말고 또박또박 써보세요.

## 목

**나무 목**
tree

손가락으로 화살표를 따라 그려보고 연필로 써보세요.

한자를 보고 천천히 따라 써보세요.

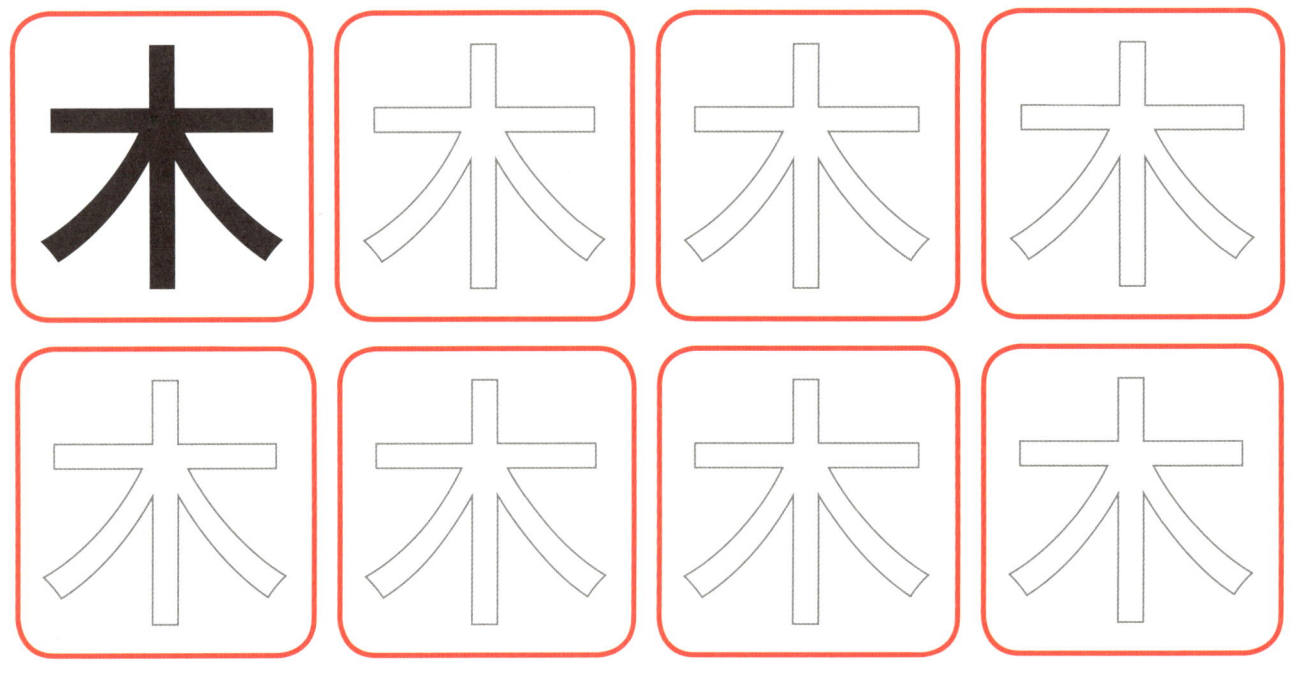

☁️ 단어를 큰소리로 읽고 그림 한자를 예쁘게 색칠해요.

**목 석**
**木石**
*나무와 돌

**목 공**
**木工**
*나무를 다루는 일

**식 목**
**植木**
*나무를 심는 것

**초 목**
**草木**
*풀과 나무

🐱 한자를 보지 말고 또박또박 써보세요.

👍 다음 한자를 보고 알맞은 음(소리)을 선으로 연결해보세요.

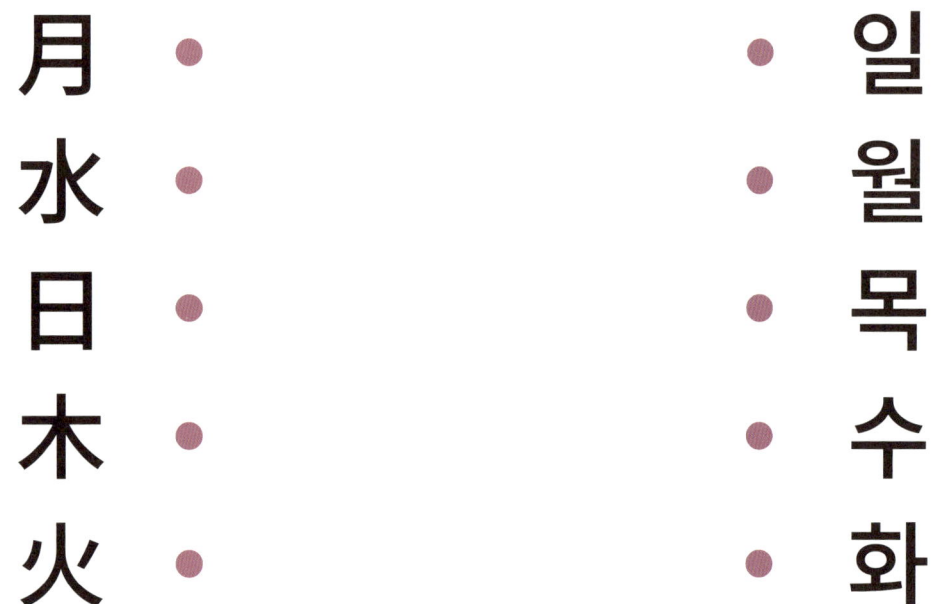

🍦 다음 한자의 음훈(소리와 뜻)을 보고 알맞는 한자에 동그라미를 치세요

다음 밑줄 친 한자의 독음(읽는 소리)을 동그라미에 써넣으세요.

| 日출 | 식木 |
| 月광 | 생日 |
| 火성 | 月말 |
| 水영 | 火요일 |
| 木공 | 냉水 |

다음 음훈(소리와 뜻)에 알맞는 한자를 네모 칸에 써넣으세요.

|  |  |  |  |
|---|---|---|---|

불 화    나무 목    날 일    달 월

☀️ 손가락으로 화살표를 따라 그려보고 연필로 써보세요.

# 금

쇠 금/성 김
**gold**

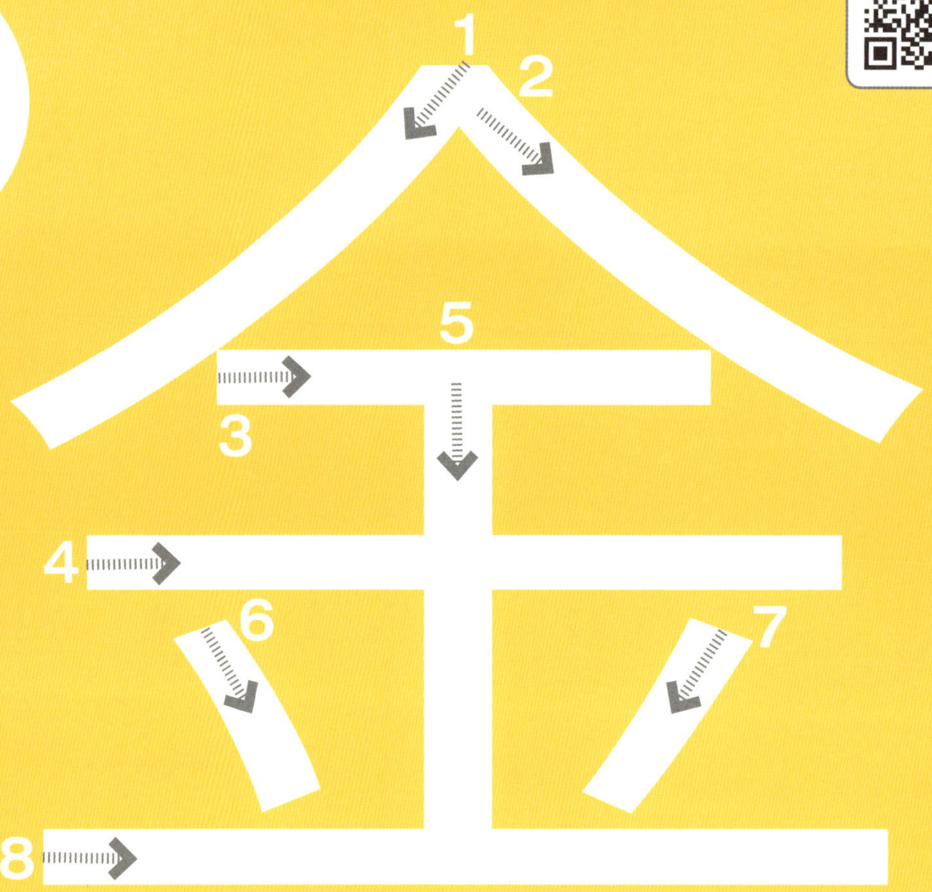

🐱 한자를 보고 천천히 따라 써보세요.

단어를 큰소리로 읽고 그림 한자를 예쁘게 색칠해요.

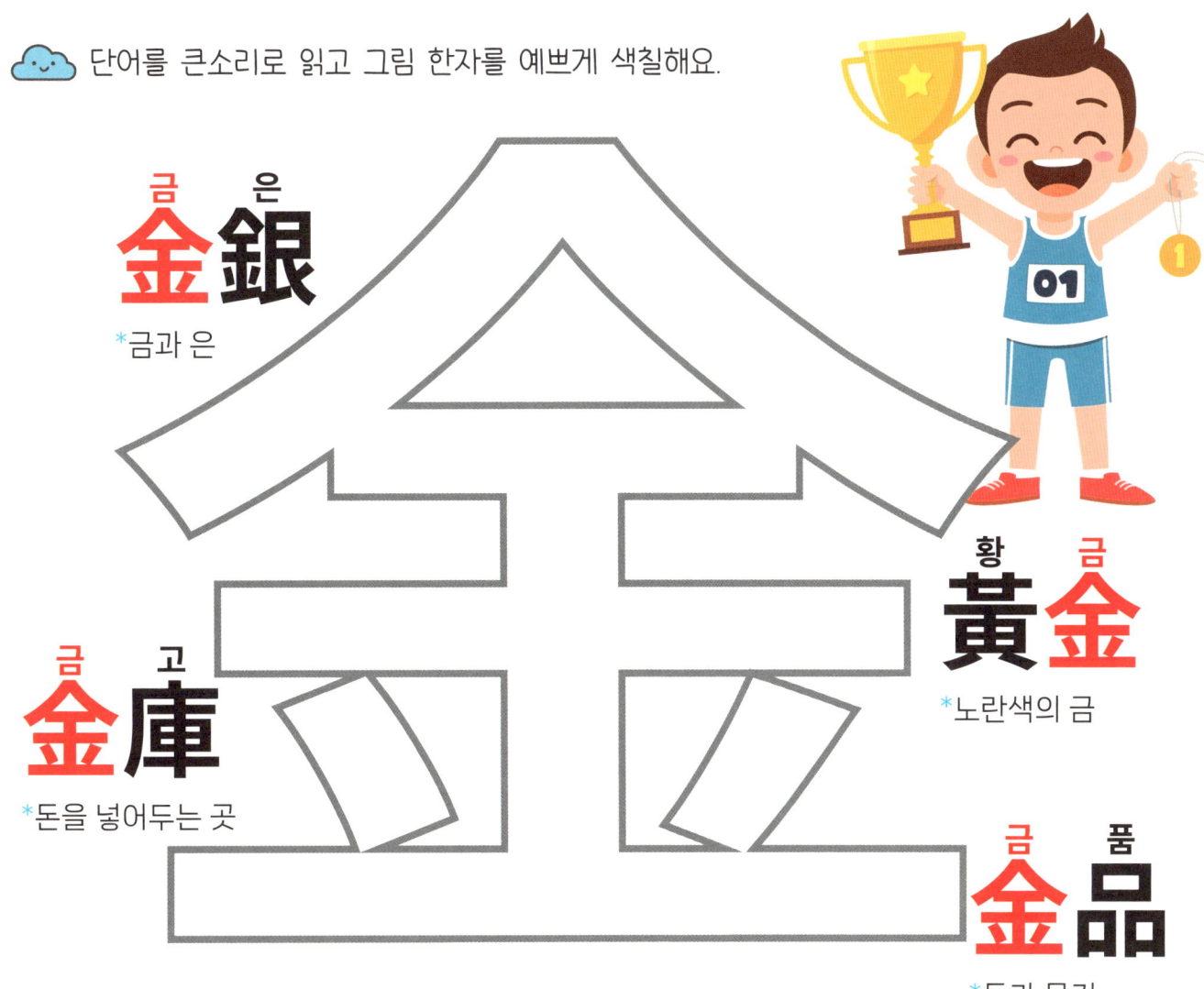

金銀
*금과 은

黃金
*노란색의 금

金庫
*돈을 넣어두는 곳

金品
*돈과 물건

한자를 보지 말고 또박또박 써보세요.

## 토

흙 토
earth

손가락으로 화살표를 따라 그려보고 연필로 써보세요.

한자를 보고 천천히 따라 써보세요.

☁️ 단어를 큰소리로 읽고 그림 한자를 예쁘게 색칠해요.

토 석
土石
*흙과 돌

국 토
國土
*나라의 땅

출 토
出土
*땅에서 나옴

토 지
土地
*땅

🐱 한자를 보지 말고 또박또박 써보세요.

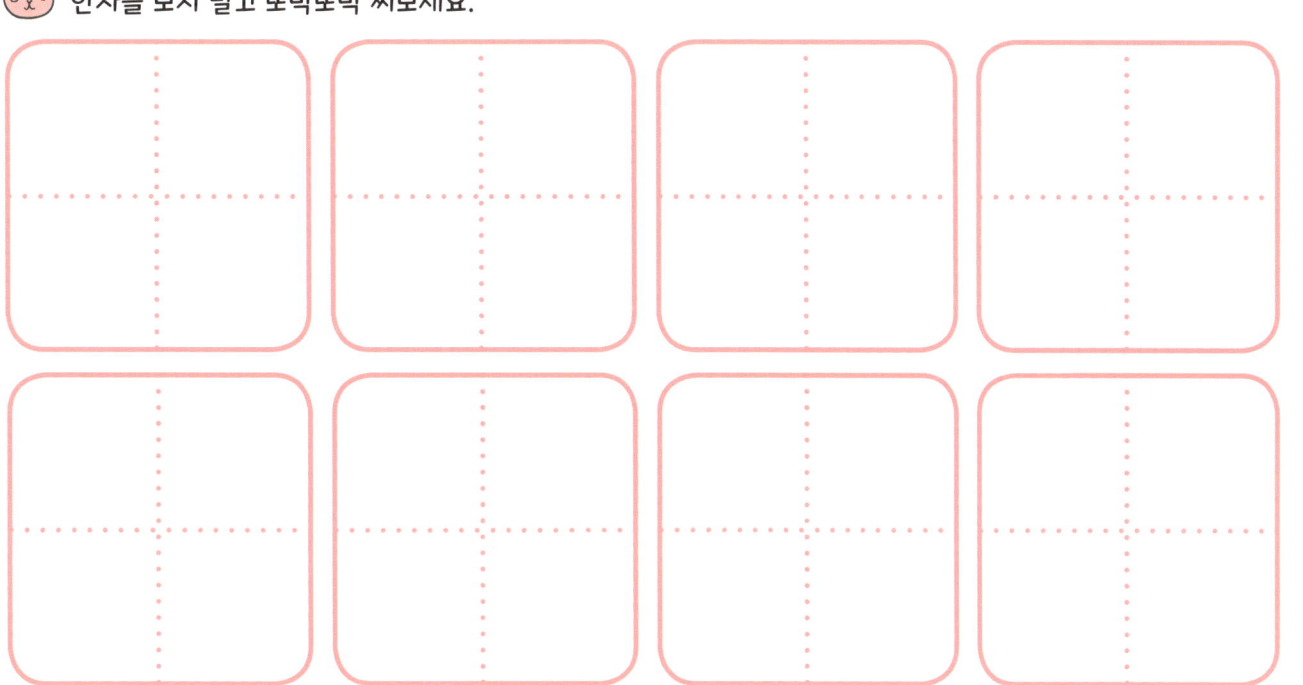

## 생
### 날 생
**born**

손가락으로 화살표를 따라 그려보고 연필로 써보세요.

한자를 보고 천천히 따라 써보세요.

🌥 단어를 큰소리로 읽고 그림 한자를 예쁘게 색칠해요.

**生物** (생물)
*동물과 식물

**生命** (생명)
*살아 있는 목숨

**先生** (선생)
*학생을 가르치는 사람

**學生** (학생)
*학교에서 공부하는 사람

🐱 한자를 보지 말고 또박또박 써보세요.

# 년
해 년
year

🌞 손가락으로 화살표를 따라 그려보고 연필로 써보세요.

🐱 한자를 보고 천천히 따라 써보세요.

☁️ 단어를 큰소리로 읽고 그림 한자를 예쁘게 색칠해요.

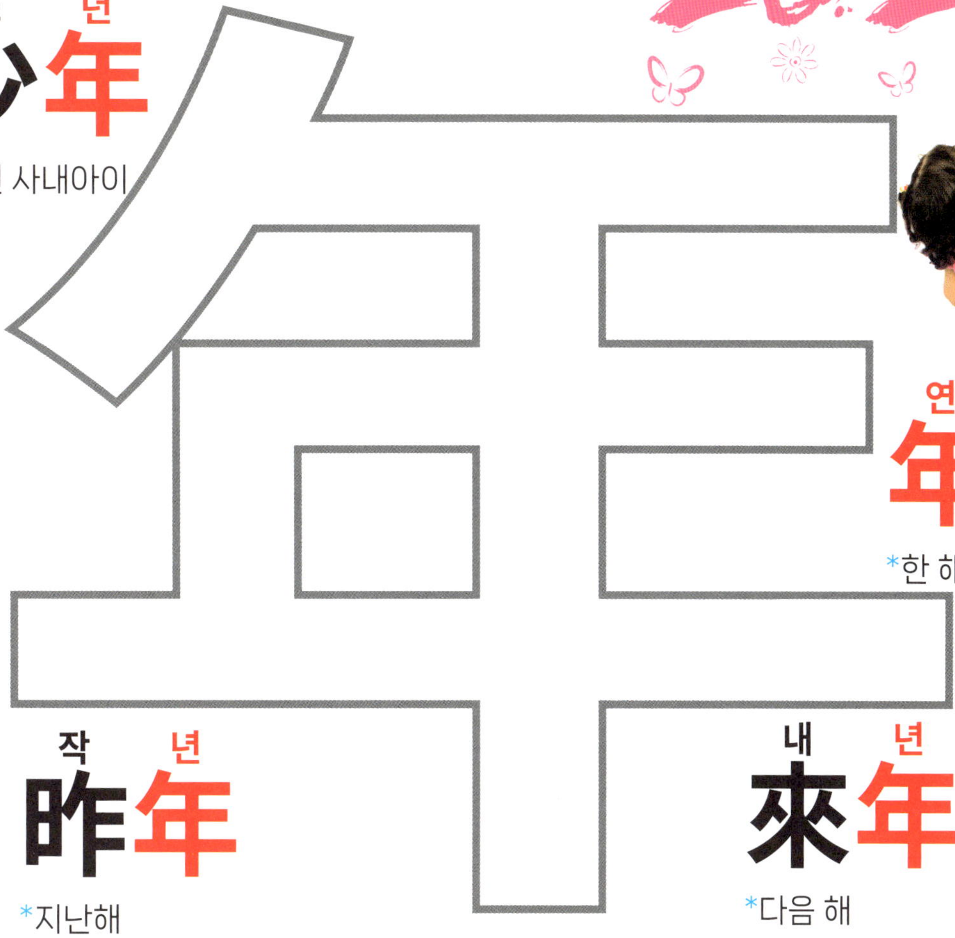

**少年** (소년)
*어린 사내아이

**年末** (연말)
*한 해의 마지막 때

**昨年** (작년)
*지난해

**來年** (내년)
*다음 해

🐱 한자를 보지 말고 또박또박 써보세요.

# 좌

왼 좌
**left**

손가락으로 화살표를 따라 그려보고 연필로 써보세요.

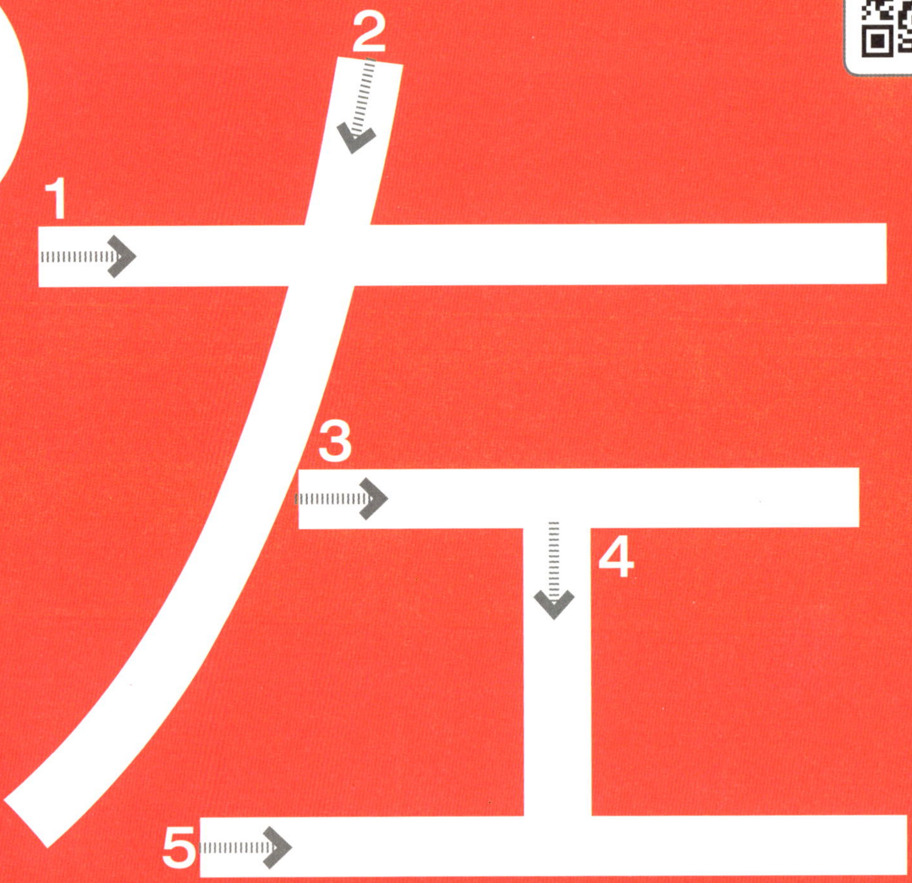

한자를 보고 천천히 따라 써보세요.

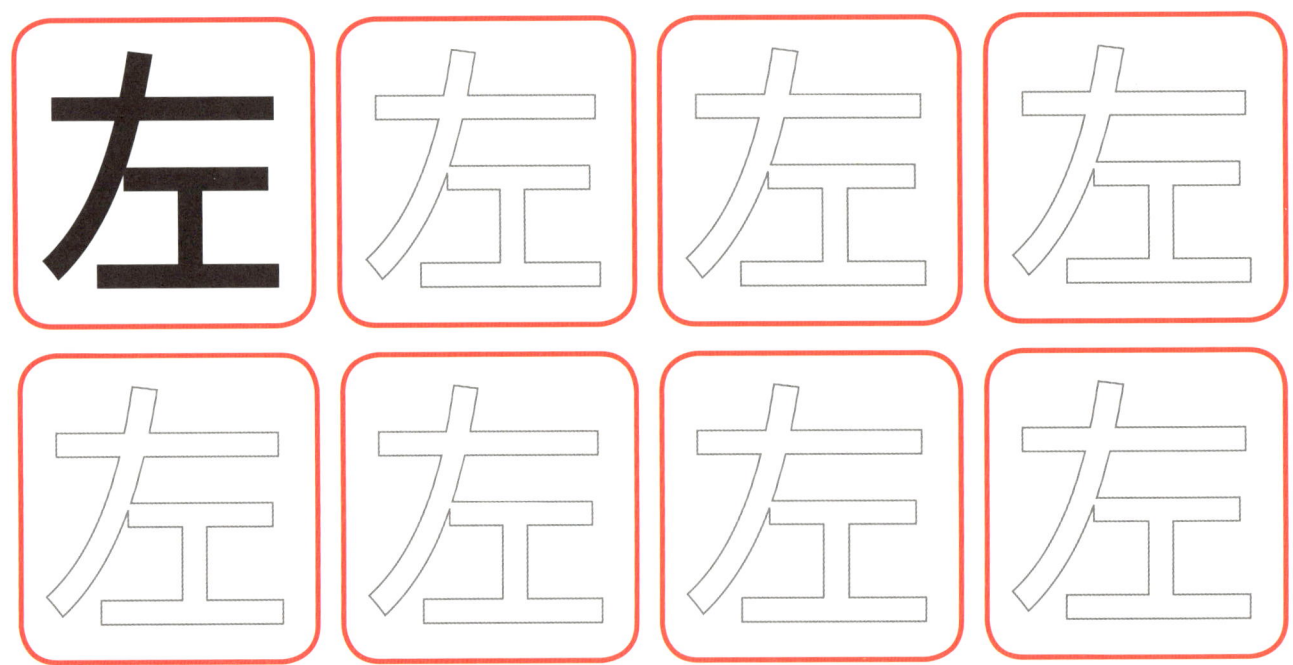

☁️ 단어를 큰소리로 읽고 그림 한자를 예쁘게 색칠해요.

**좌측** 左側
*왼쪽

**좌우** 左右
*왼쪽과 오른쪽

**좌뇌** 左腦
*뇌의 왼쪽 부분

**좌회전** 左回轉
*차 따위가 왼쪽으로 돎

left

🐱 한자를 보지 말고 또박또박 써보세요.

다음 한자를 보고 알맞는 음(소리)을 선으로 연결해보세요.

左 •          • 생
生 •          • 금
土 •          • 년
年 •          • 좌
金 •          • 토

🍦 다음 한자의 음훈(소리와 뜻)을 보고 알맞는 한자에 동그라미를 치세요

날 생    金  土  生  年  左

해 년    金  土  生  年  左

흙 토    金  土  生  年  左

쇠 금/성 김    金  土  生  年  左

왼 좌    金  土  生  年  左

다음 밑줄 친 한자의 독음(읽는 소리)을 동그라미에 써넣으세요.

金은       左회전

土석       황金

선生       土지

소年       학生

左우       年말

다음 음훈(소리와 뜻)에 알맞는 한자를 네모 칸에 써넣으세요.

날 생    해 년    쇠 금/성 김    흙 토

# 右

오른 우
**right**

손가락으로 화살표를 따라 그려보고 연필로 써보세요.

한자를 보고 천천히 따라 써보세요.

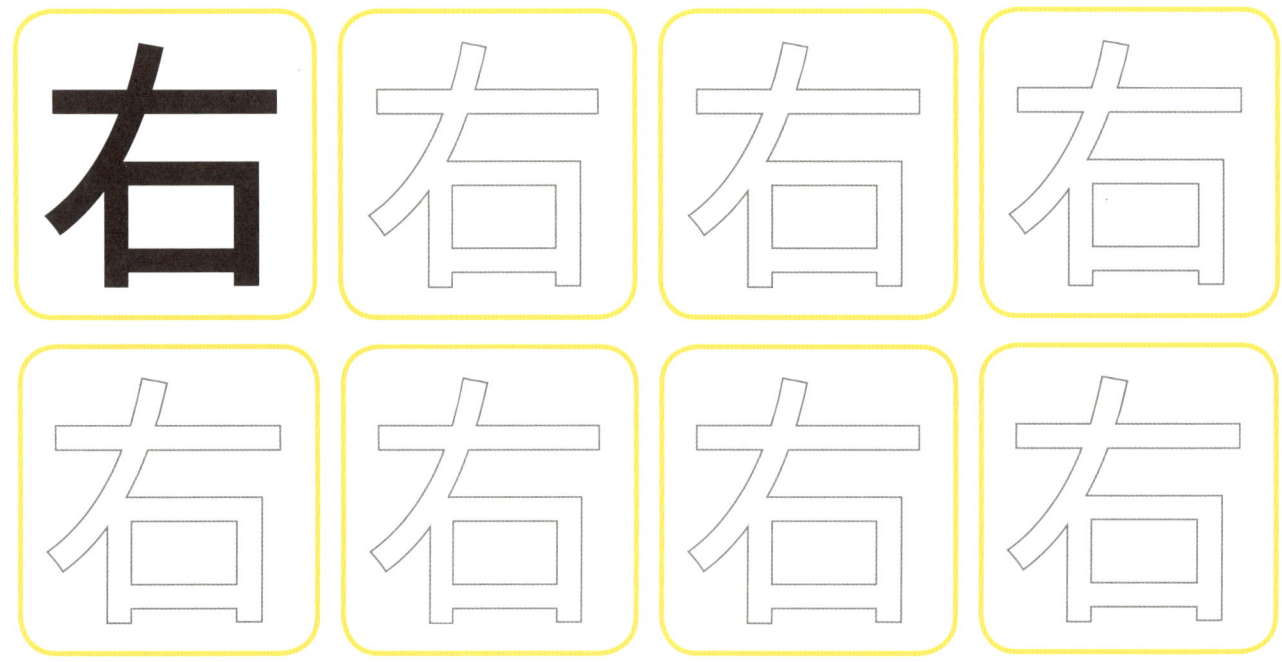

☁️ 단어를 큰소리로 읽고 그림 한자를 예쁘게 색칠해요.

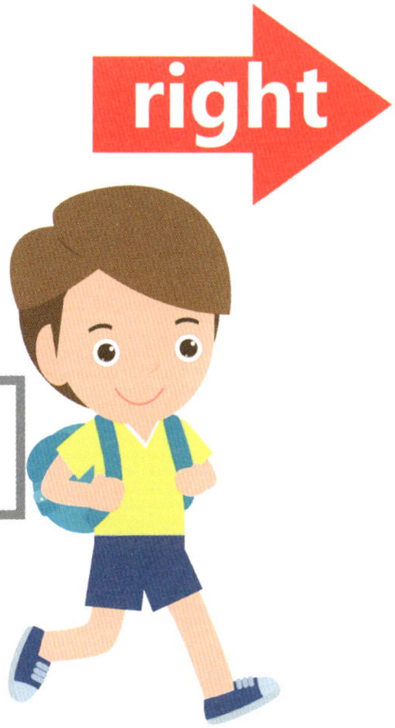

right

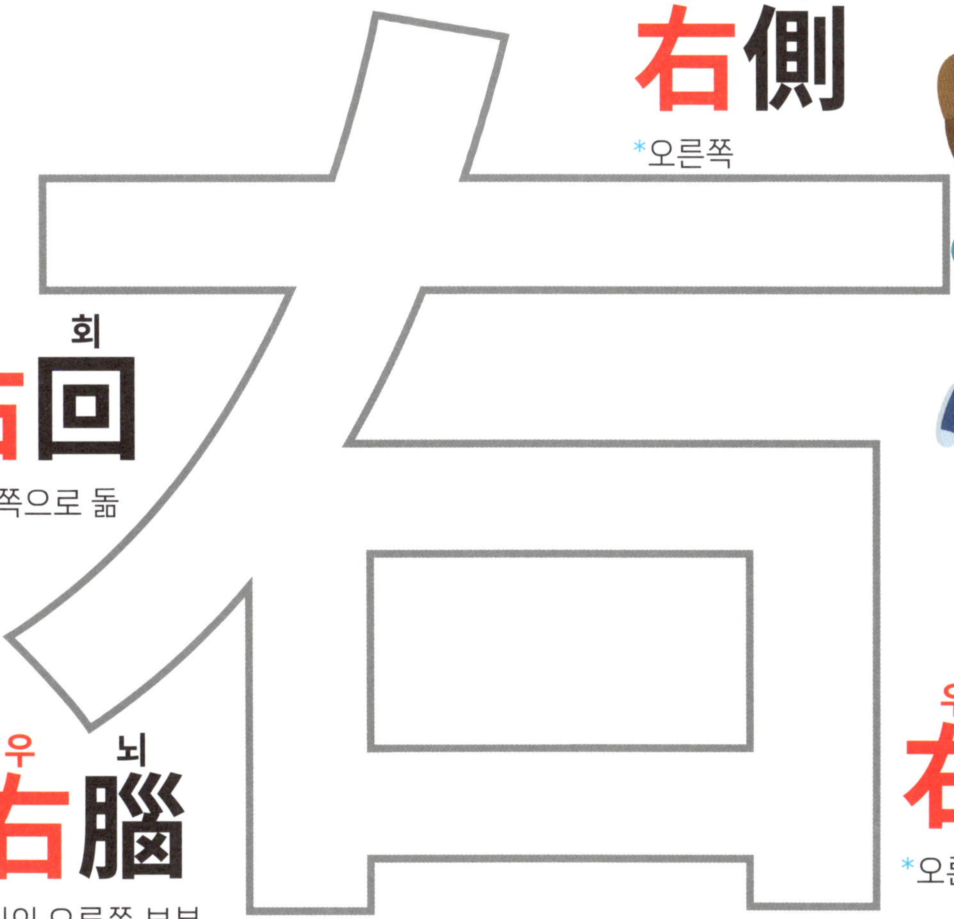

右側
*오른쪽

右回
*오른쪽으로 돎

右腦
*뇌의 오른쪽 부분

右列
*오른쪽의 대열

🐱 한자를 보지 말고 또박또박 써보세요.

# 상

윗 상
**above**

손가락으로 화살표를 따라 그려보고 연필로 써보세요.

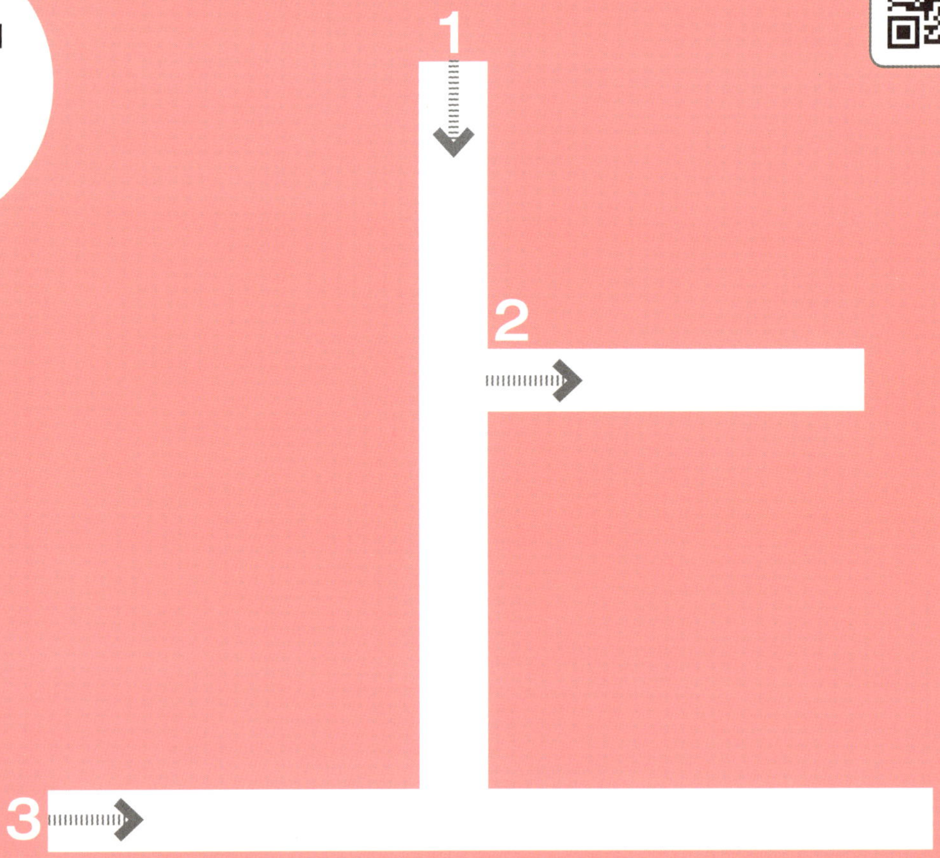

한자를 보고 천천히 따라 써보세요.

☁️ 단어를 큰소리로 읽고 그림 한자를 예쁘게 색칠해요.

상 공
**上空**
*높은 하늘

세 상
**世上**
*사람이 살고 있는 사회

옥 상
**屋上**
*지붕 위

상 하
**上下**
*위아래

🐱 한자를 보지 말고 또박또박 써보세요.

# 중

가운데 중
**middle**

손가락으로 화살표를 따라 그려보고 연필로 써보세요.

한자를 보고 천천히 따라 써보세요.

☁️ 단어를 큰소리로 읽고 그림 한자를 예쁘게 색칠해요.

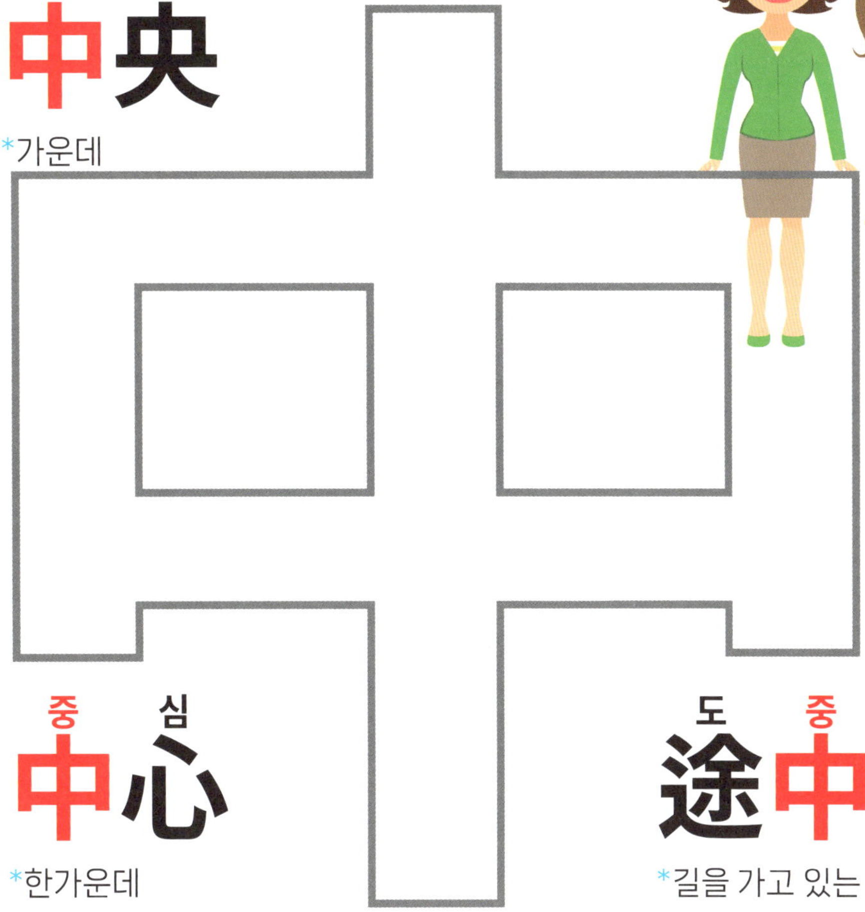

**중앙**
中央
*가운데

**중간**
中間
*둘 사이

**중심**
中心
*한가운데

**도중**
途中
*길을 가고 있는 동안

🐱 한자를 보지 말고 또박또박 써보세요.

하
아래 하
below

손가락으로 화살표를 따라 그려보고 연필로 써보세요.

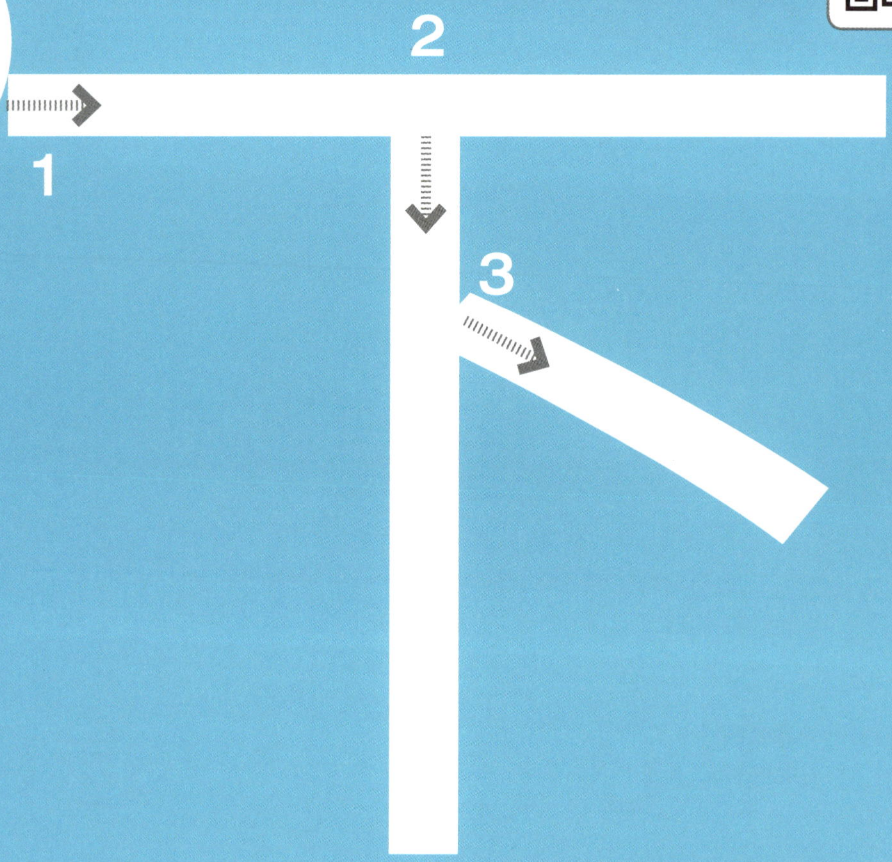

한자를 보고 천천히 따라 써보세요.

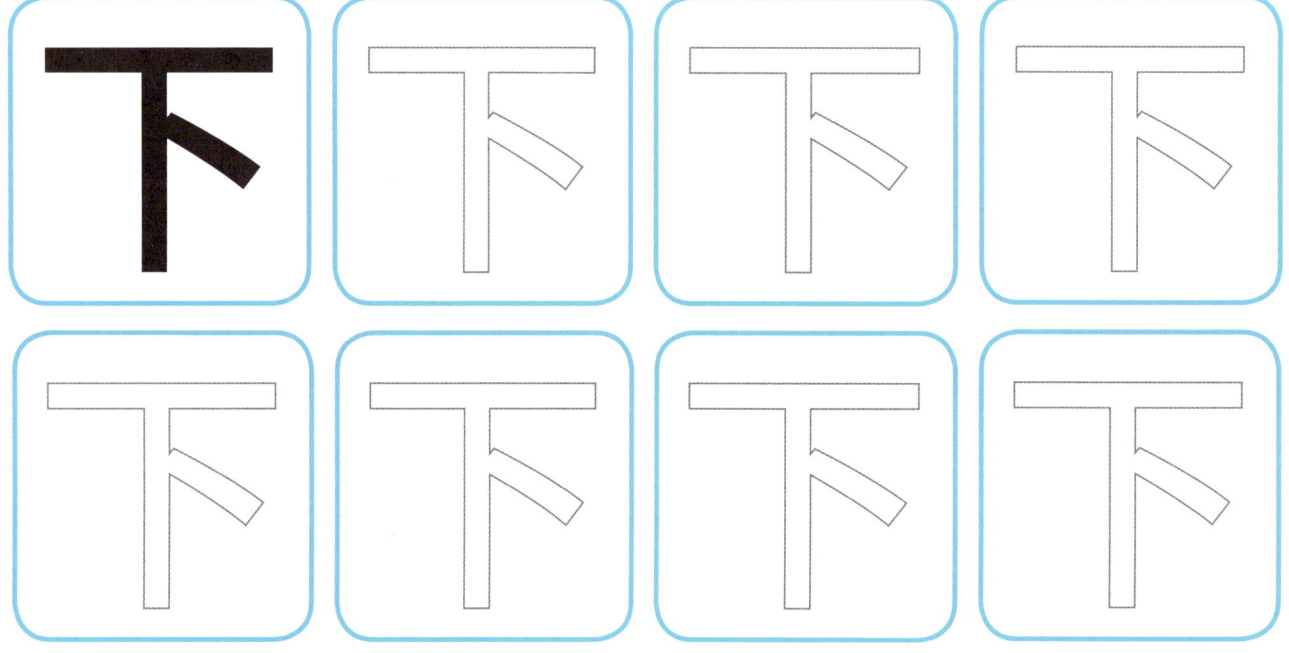

단어를 큰소리로 읽고 그림 한자를 예쁘게 색칠해요.

하 차
下車
*차에서 내림

천 하
天下
*하늘 아래의 온 세상

하 강
下降
*아래로 내림

지 하
地下
*땅속

한자를 보지 말고 또박또박 써보세요.

# 대

큰 대
big

손가락으로 화살표를 따라 그려보고 연필로 써보세요.

大

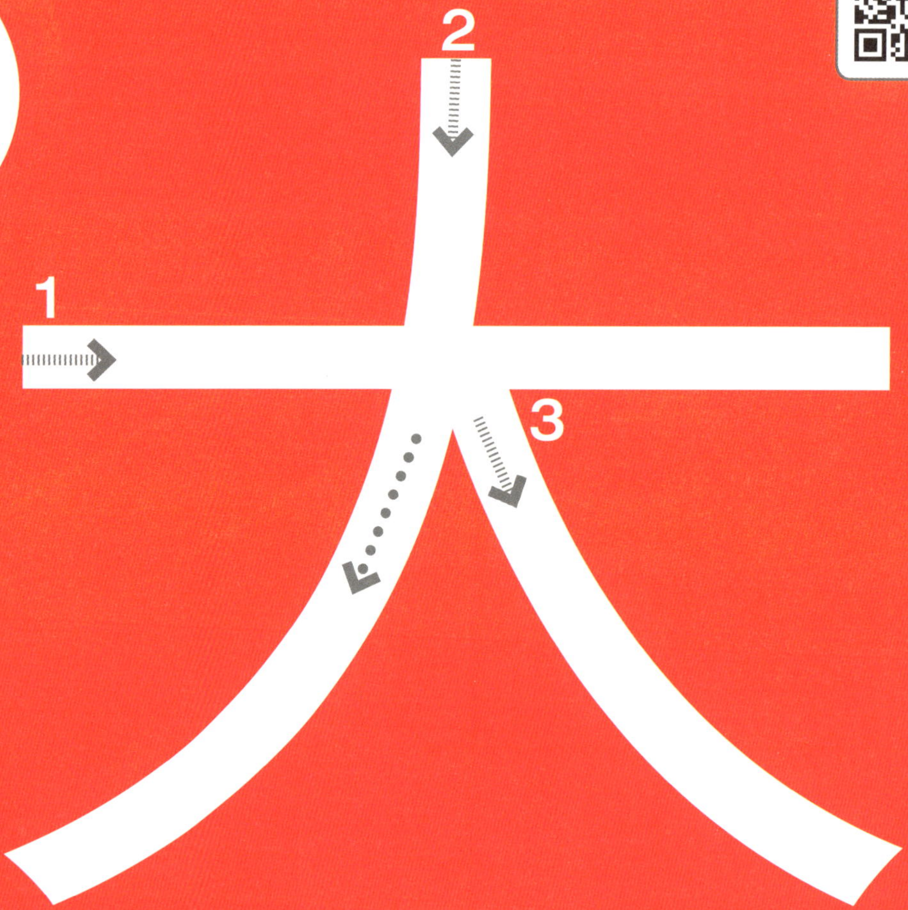

한자를 보고 천천히 따라 써보세요.

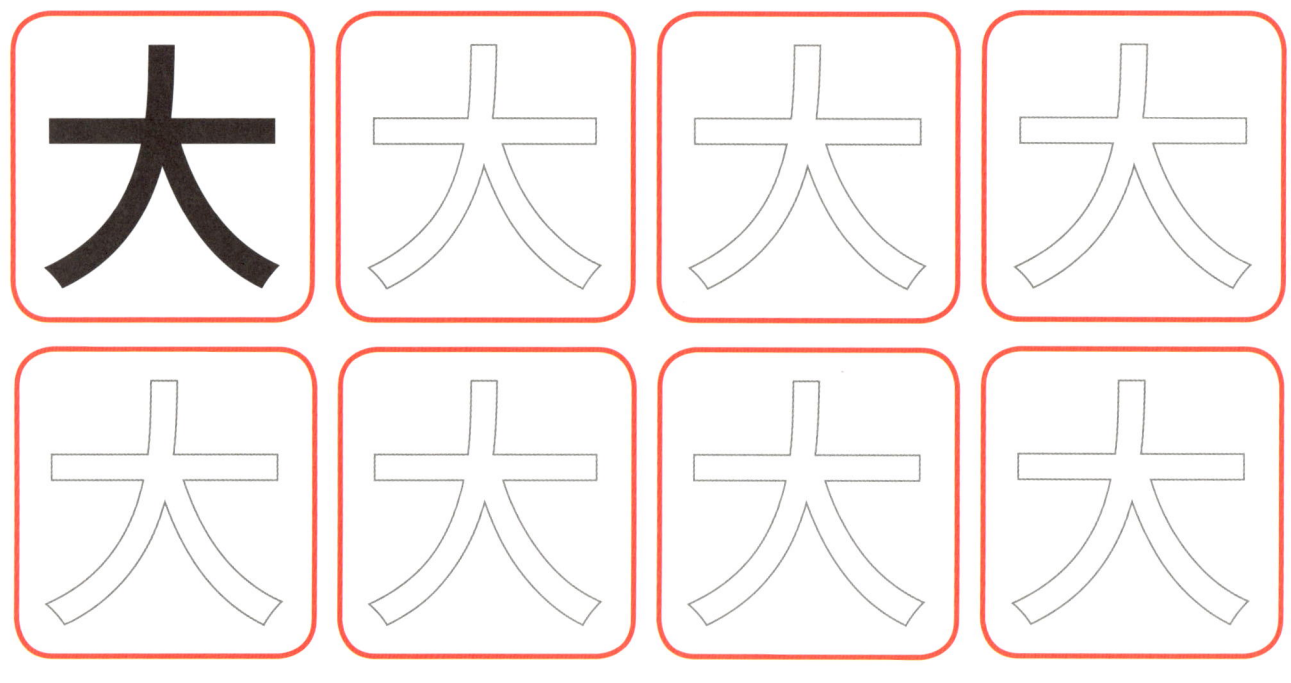

☁️ 단어를 큰소리로 읽고 그림 한자를 예쁘게 색칠해요.

대 문
**大門**
*큰문

대 로
**大路**
*큰길

대 소
**大小**
*크고 작음

위 대
**偉大**
*뛰어나고 훌륭함

🐱 한자를 보지 말고 또박또박 써보세요.

👍 다음 한자를 보고 알맞는 음(소리)을 선으로 연결해보세요.

大　　　　　　　　　상
下　　　　　　　　　우
中　　　　　　　　　하
上　　　　　　　　　대
右　　　　　　　　　중

🍦 다음 한자의 음훈(소리와 뜻)을 보고 알맞는 한자에 동그라미를 치세요

윗 상　　　　右　上　中　下　大

오른 우　　　右　上　中　下　大

아래 하　　　右　上　中　下　大

큰 대　　　　右　上　中　下　大

가운데 중　　右　上　中　下　大

다음 밑줄 친 한자의 독음(읽는 소리)을 동그라미에 써넣으세요.

○ 右뇌          ○ 大로

○ 上하          ○ 右측

○ 中앙          ○ 세上

○ 지下          ○ 中간

○ 大소          ○ 下강

다음 음훈(소리와 뜻)에 알맞는 한자를 네모 칸에 써넣으세요.

| | | | |
|---|---|---|---|
| 아래 하 | 큰 대 | 윗 상 | 가운데 중 |

# 소

작을 소
**small**

손가락으로 화살표를 따라 그려보고 연필로 써보세요.

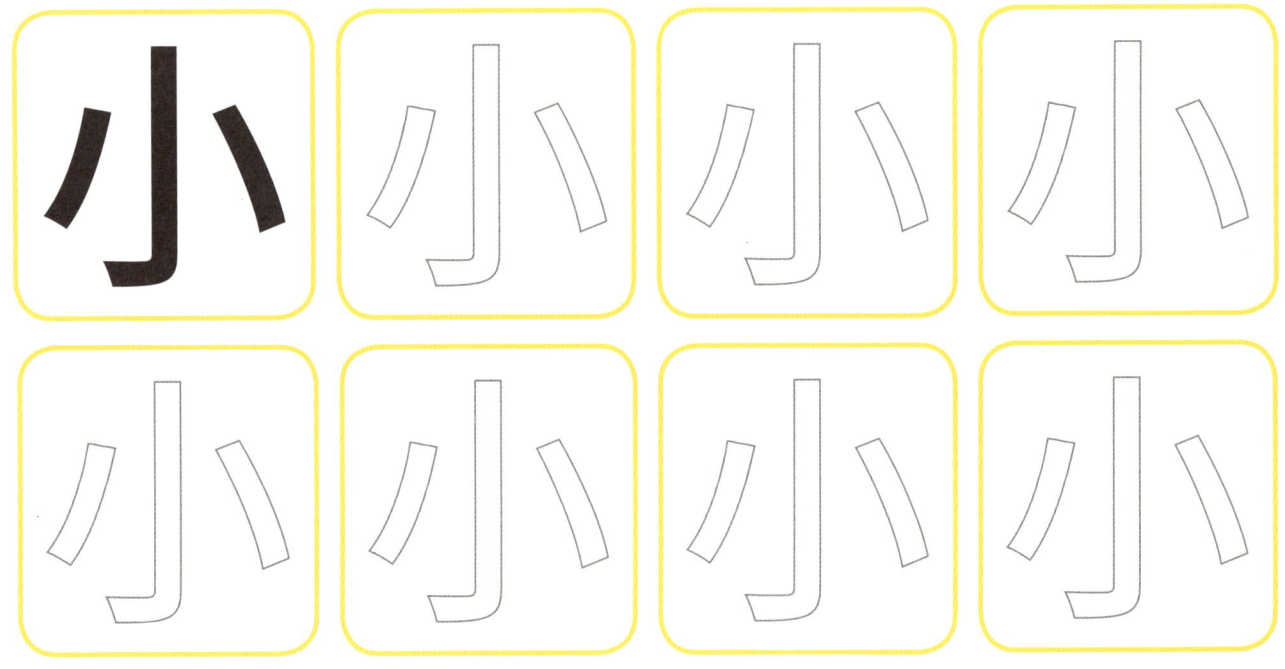

한자를 보고 천천히 따라 써보세요.

단어를 큰소리로 읽고 그림 한자를 예쁘게 색칠해요.

**小<sup>소</sup>食<sup>식</sup>**
*음식을 적게 먹음

**小<sup>소</sup>兒<sup>아</sup>**
*어린아이

**小<sup>소</sup>心<sup>심</sup>**
*마음 씀씀이가 작음

**小<sup>소</sup>便<sup>변</sup>**
*오줌

한자를 보지 말고 또박또박 써보세요.

# 다

**많을 다**
**many**

손가락으로 화살표를 따라 그려보고 연필로 써보세요.

한자를 보고 천천히 따라 써보세요.

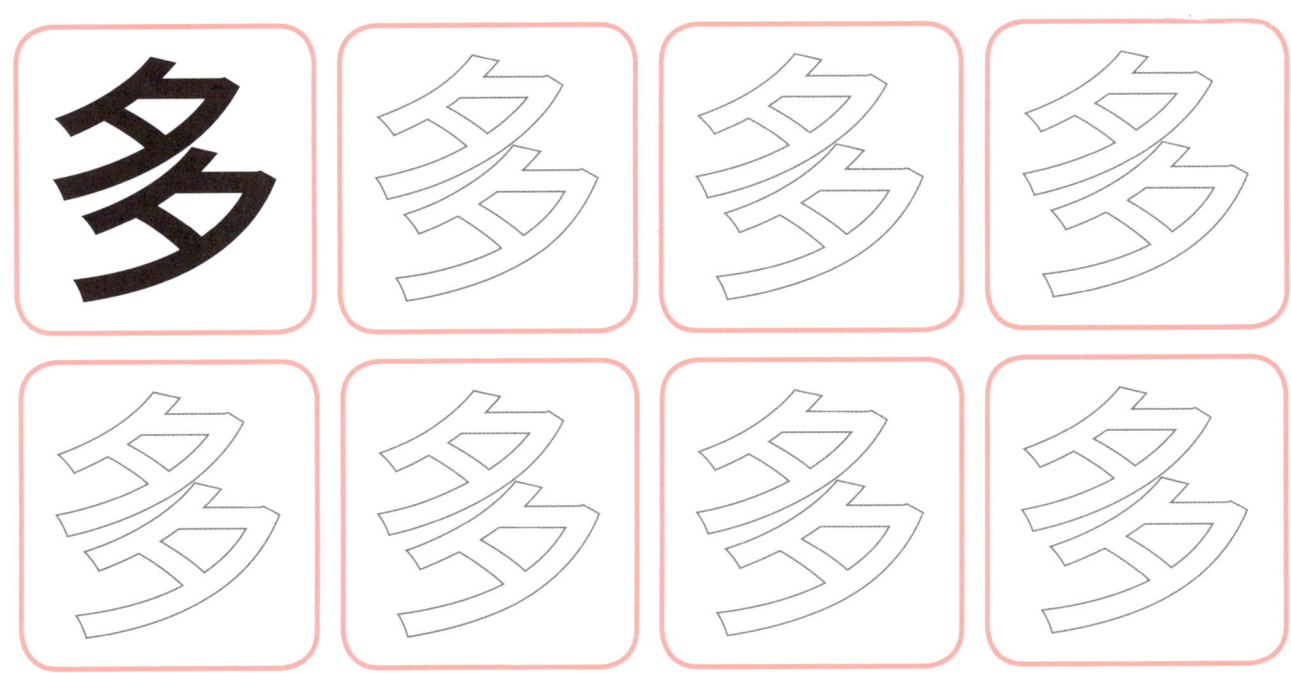

☁️ 단어를 큰소리로 읽고 그림 한자를 예쁘게 색칠해요.

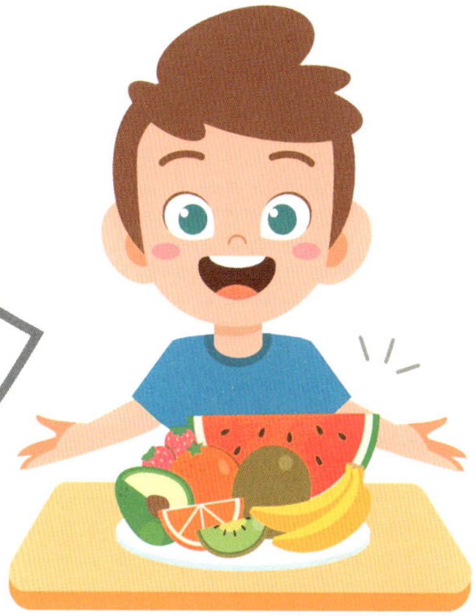

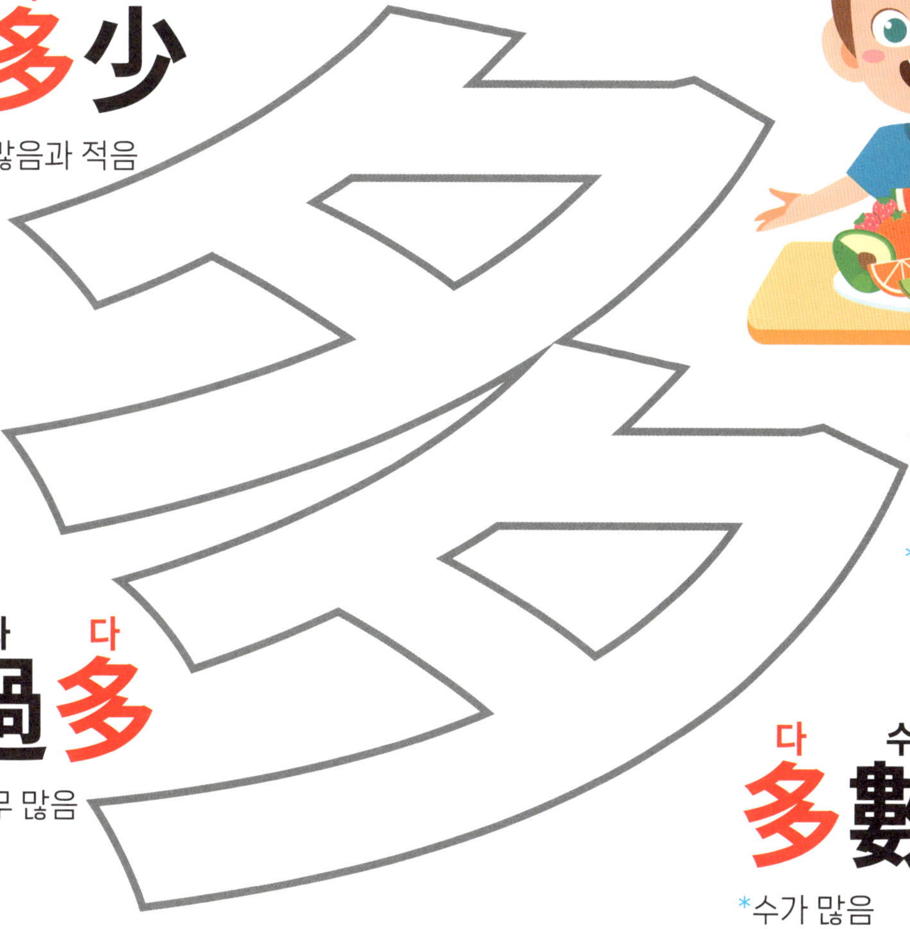

多少
*많음과 적음

多量
*많은 분량

過多
*너무 많음

多數
*수가 많음

🐱 한자를 보지 말고 또박또박 써보세요.

## 소

적을 소
few

☀️ 손가락으로 화살표를 따라 그려보고 연필로 써보세요.

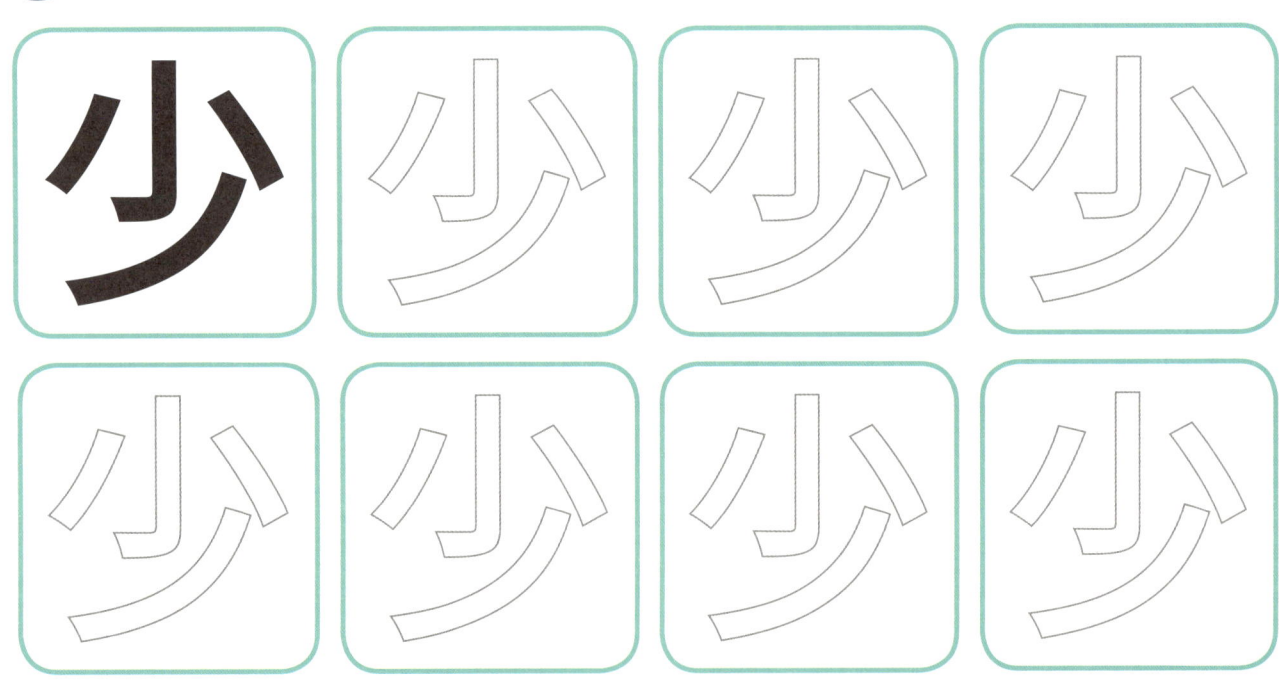

🐱 한자를 보고 천천히 따라 써보세요.

☁️ 단어를 큰소리로 읽고 그림 한자를 예쁘게 색칠해요.

소 녀
**少女**
*어린 여자아이

소 년
**少年**
*어린 남자아이

소 량
**少量**
*양이 적음

노 소
**老少**
*늙은이와 젊은이

🐱 한자를 보지 말고 또박또박 써보세요.

손가락으로 화살표를 따라 그려보고 연필로 써보세요.

안 내
inside

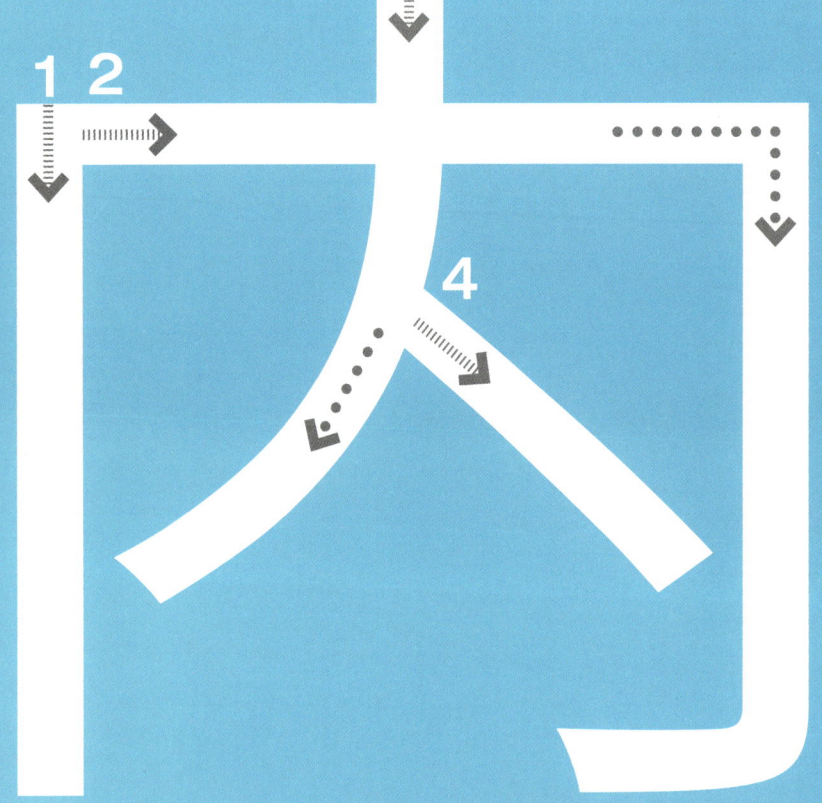

한자를 보고 천천히 따라 써보세요.

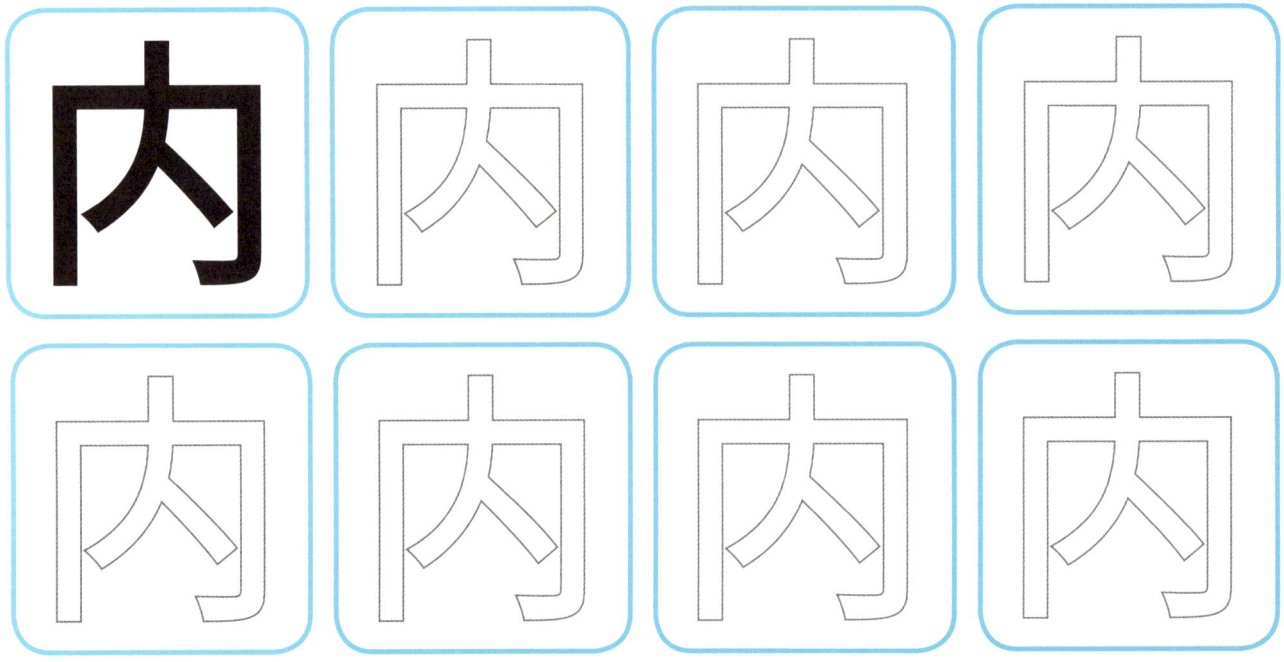

단어를 큰소리로 읽고 그림 한자를 예쁘게 색칠해요.

**內**外 (내외)
*안팎

**內**面 (내면)
*물건의 안쪽

**內**心 (내심)
*속마음

室**內** (실내)
*건물 안

한자를 보지 말고 또박또박 써보세요.

# 외

**바깥 외**
outside

손가락으로 화살표를 따라 그려보고 연필로 써보세요.

한자를 보고 천천히 따라 써보세요.

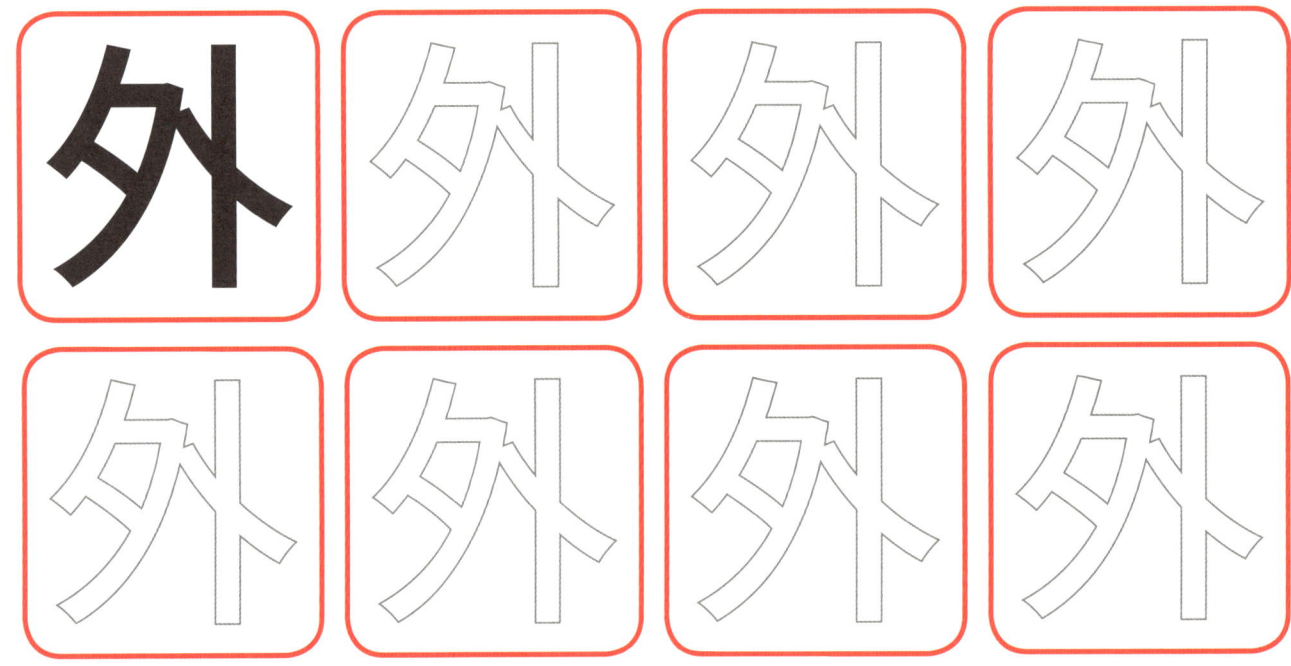

🌥 단어를 큰소리로 읽고 그림 한자를 예쁘게 색칠해요.

**외출 外出**
*밖으로 나감

**외부 外部**
*바깥쪽

**외식 外食**
*밖에서 식사함

**외국인 外國人**
*다른 나라 사람

🐱 한자를 보지 말고 또박또박 써보세요.

👍 다음 한자를 보고 알맞는 음(소리)을 선으로 연결해보세요.

| 外 | • | | • | 작을<br>소 |
| 内 | • | | • | 외 |
| 少 | • | | • | 내 |
| 多 | • | | • | 적을<br>소 |
| 小 | • | | • | 다 |

🍦 다음 한자의 음훈(소리와 뜻)을 보고 알맞는 한자에 동그라미를 치세요

적을 소    小  多  少  内  外

많을 다    小  多  少  内  外

안 내      小  多  少  内  外

바깥 외    小  多  少  内  外

작을 소    小  多  少  内  外

다음 밑줄 친 한자의 독음(읽는 소리)을 동그라미에 써넣으세요.

| 小아 | 外국인 |
| 多소 | 小식 |
| 少녀 | 多량 |
| 内외 | 노少 |
| 外출 | 실内 |

다음 음훈(소리와 뜻)에 알맞은 한자를 네모 칸에 써넣으세요.

|  |  |  |  |
|---|---|---|---|

많을 다　　적을 소　　바깥 외　　안 내

# 출

날 출
come out

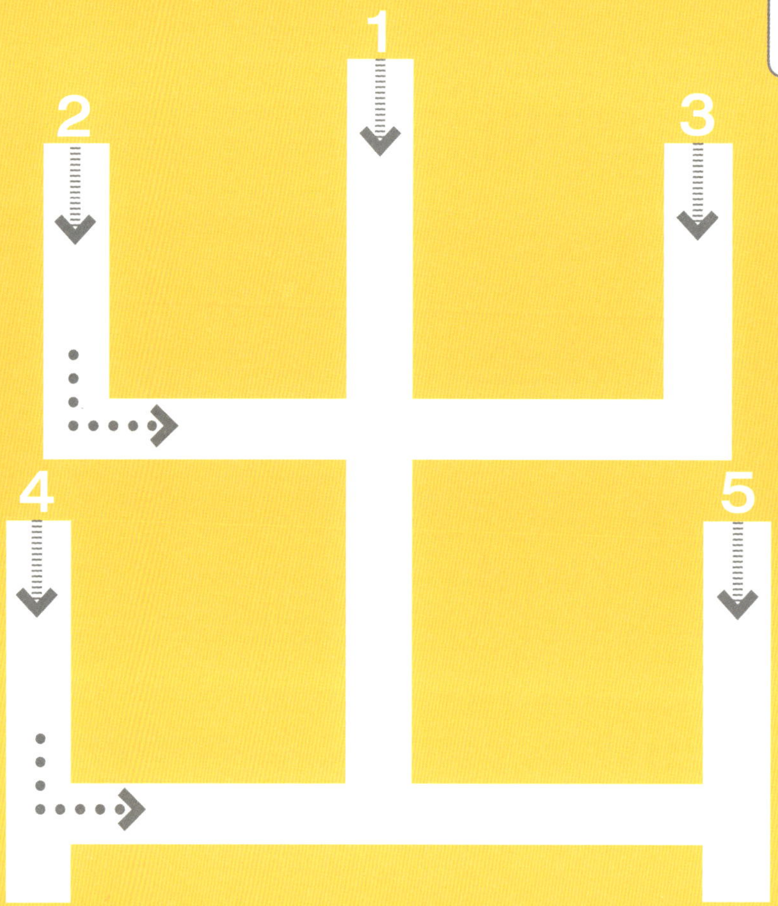

손가락으로 화살표를 따라 그려보고 연필로 써보세요.

한자를 보고 천천히 따라 써보세요.

단어를 큰소리로 읽고 그림 한자를 예쁘게 색칠해요.

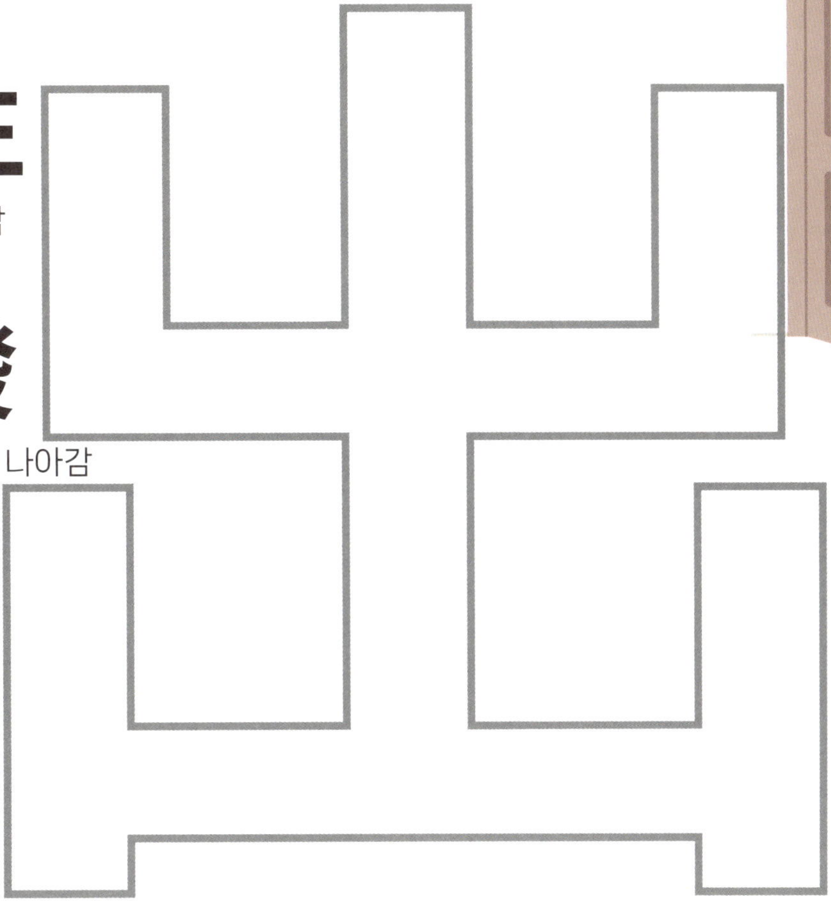

**출생**
出生
*세상에 태어남

**출발**
出發
*목적지를 향해 나아감

**출입**
出入
*나가고 들어옴

**일출**
日出
*해돋이

한자를 보지 말고 또박또박 써보세요.

손가락으로 화살표를 따라 그려보고 연필로 써보세요.

# 입
들 입
enter

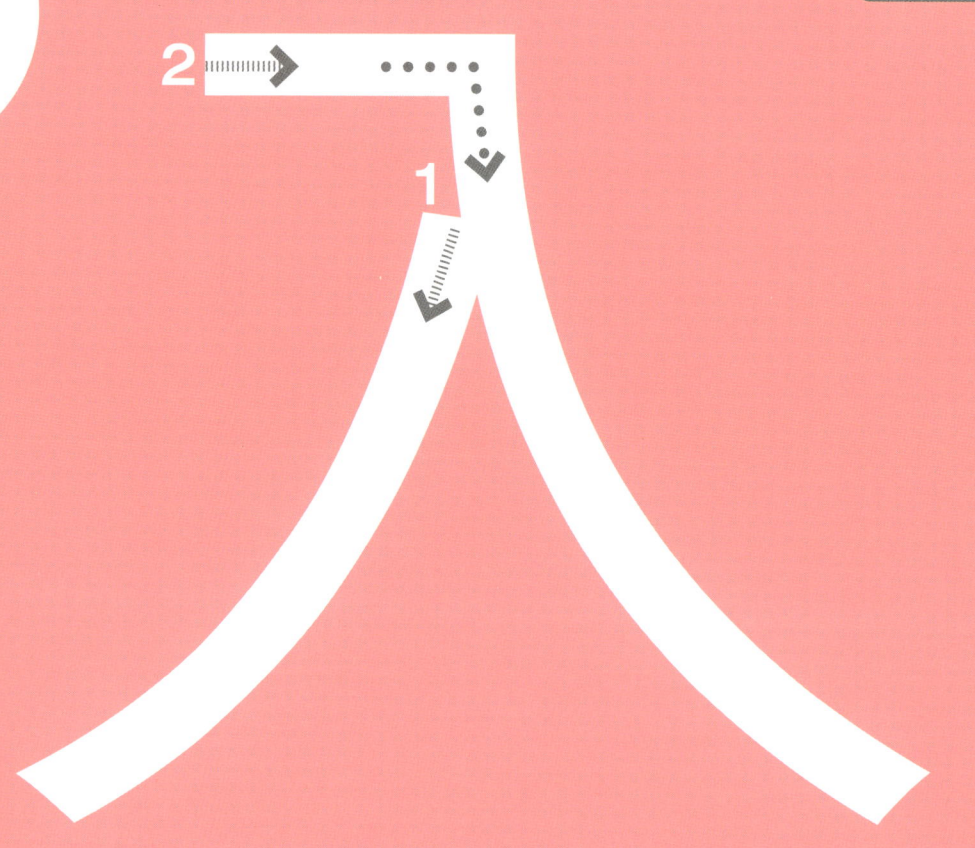

한자를 보고 천천히 따라 써보세요.

   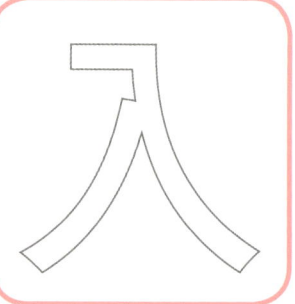

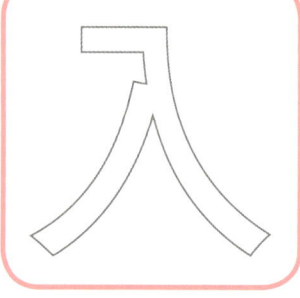   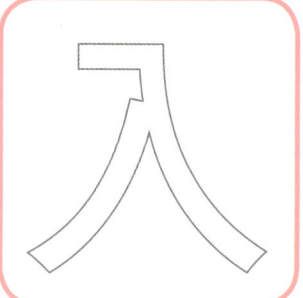

단어를 큰소리로 읽고 그림 한자를 예쁘게 색칠해요.

入口 (입구)
*들어가는 어귀

入學 (입학)
*학교에 들어감

入國 (입국)
*어떤 나라로 들어감

入出 (입출)
*들어가고 나감

한자를 보지 말고 또박또박 써보세요.

# 산

메 산
mountain

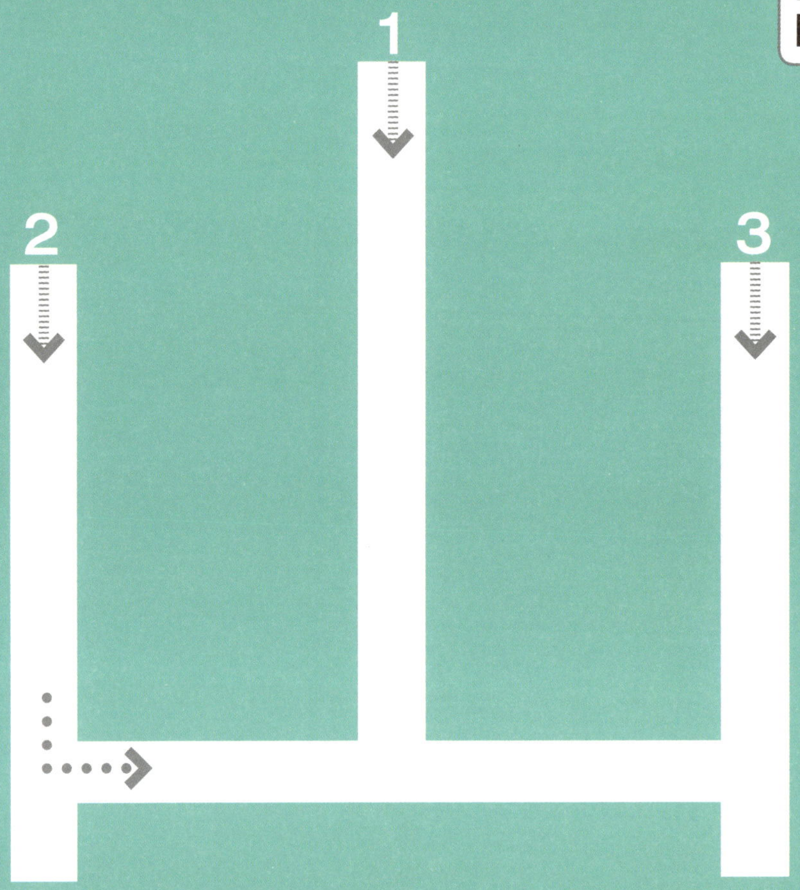

손가락으로 화살표를 따라 그려보고 연필로 써보세요.

한자를 보고 천천히 따라 써보세요.

☁️ 단어를 큰소리로 읽고 그림 한자를 예쁘게 색칠해요.

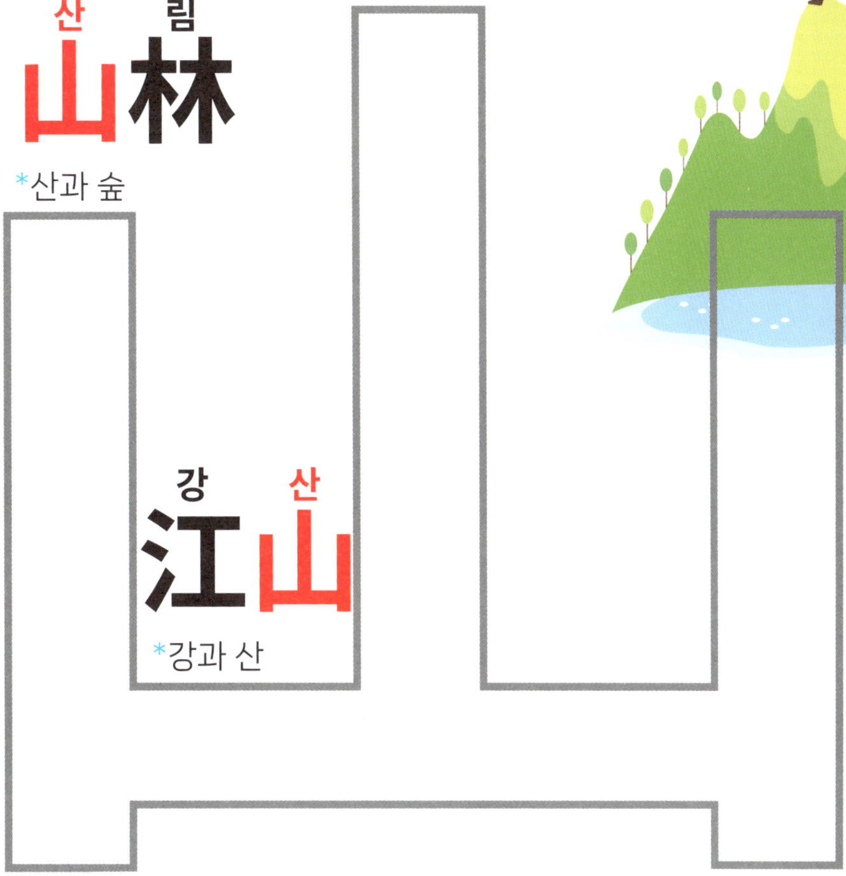

산 림
**山 林**
*산과 숲

강 산
**江 山**
*강과 산

등 산
**登 山**
*산에 오름

남 산
**南 山**
*남쪽에 있는 산

🐱 한자를 보지 말고 또박또박 써보세요.

# 천

내 천
stream

☀️ 손가락으로 화살표를 따라 그려보고 연필로 써보세요.

1　2　3

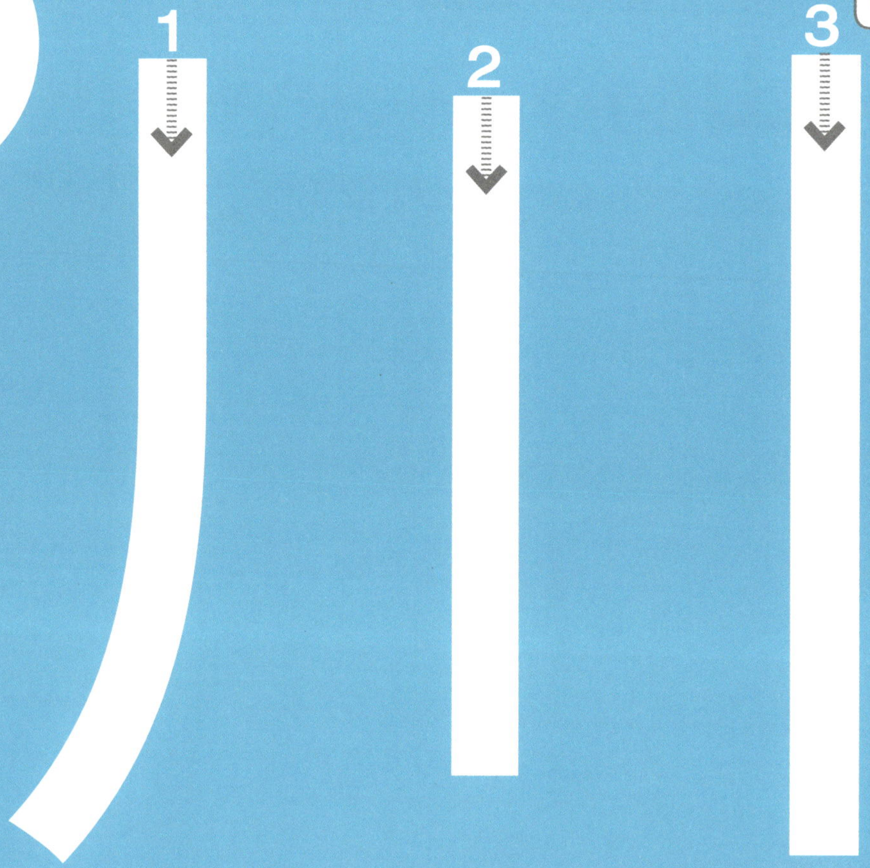

🐱 한자를 보고 천천히 따라 써보세요.

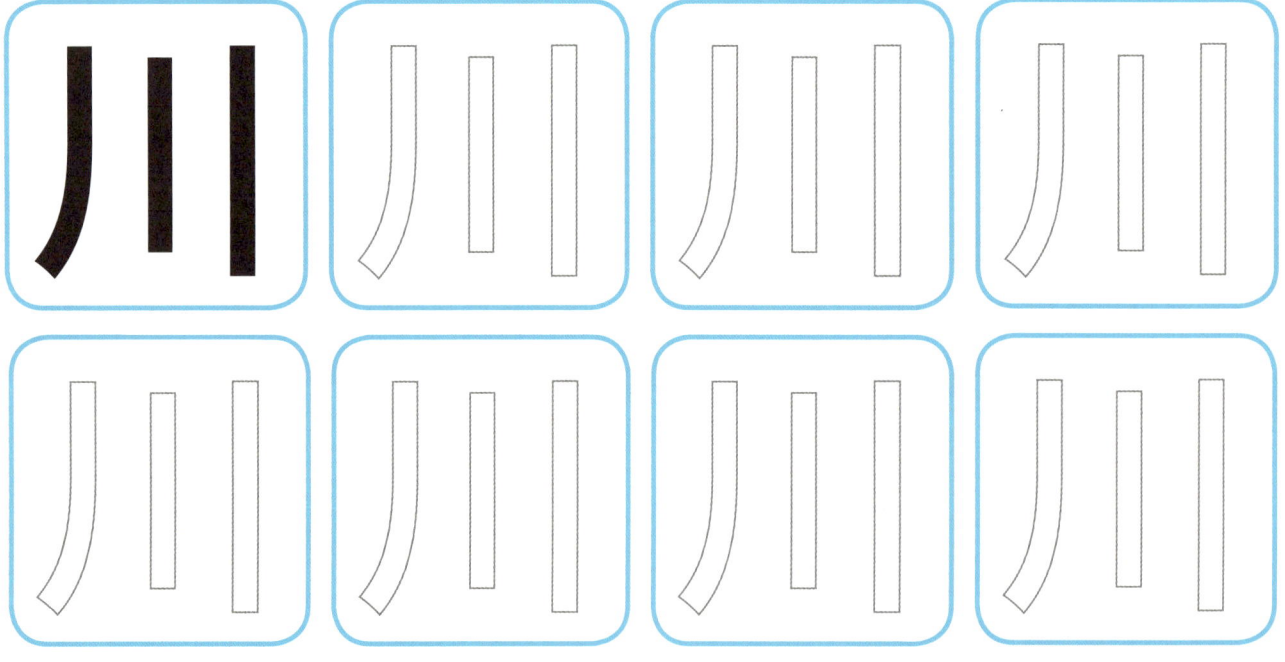

단어를 큰소리로 읽고 그림 한자를 예쁘게 색칠해요.

**하 천**
河川
*강과 내

**대 천**
大川
*대단히 큰 내

**산 천**
山川
*산과 내

**천 변**
川邊
*냇가

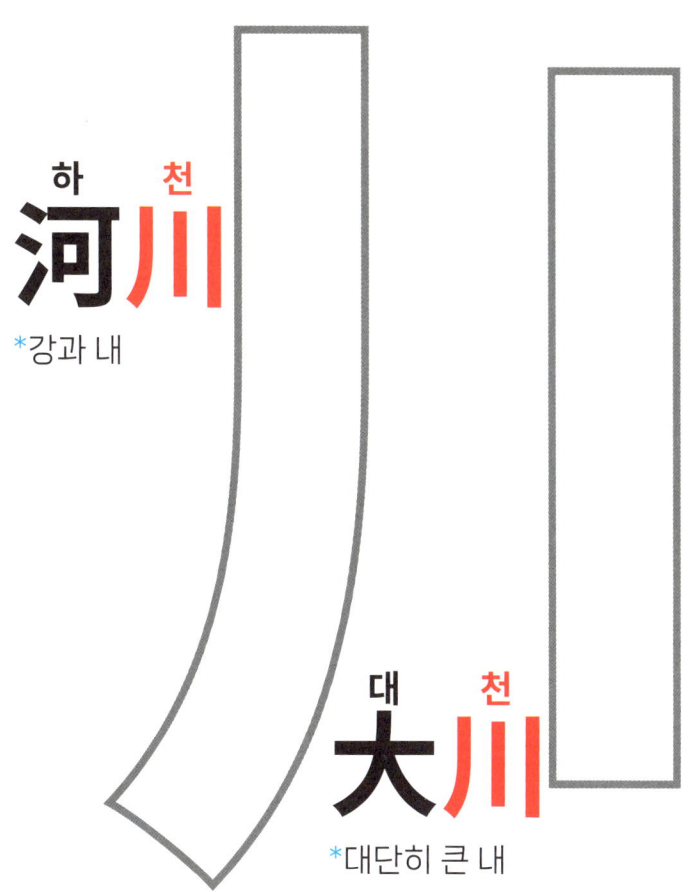

한자를 보지 말고 또박또박 써보세요.

87

손가락으로 화살표를 따라 그려보고 연필로 써보세요.

밭 전
field

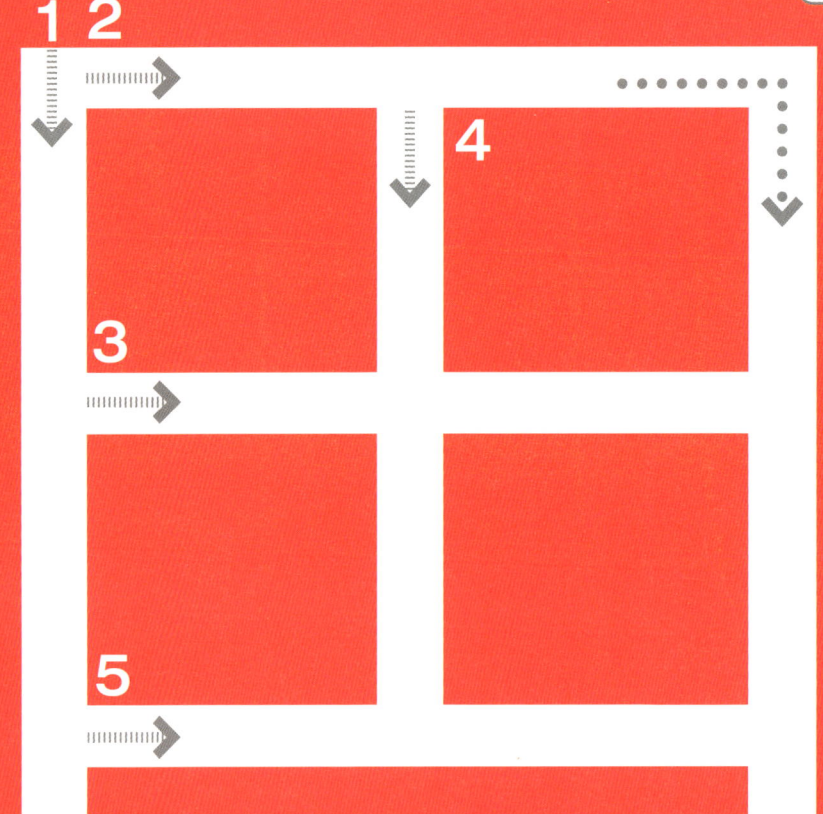

한자를 보고 천천히 따라 써보세요.

단어를 큰소리로 읽고 그림 한자를 예쁘게 색칠해요.

**전 답**
田畓
*논과 밭

**전 원**
田園
*도시에서 떨어진 시골

**유 전**
油田
*석유가 나는 지역

**산 전**
山田
*산에 있는 밭

한자를 보지 말고 또박또박 써보세요.

👍 다음 한자를 보고 알맞은 음(소리)을 선으로 연결해보세요.

田 •          • 천
川 •          • 전
山 •          • 출
入 •          • 산
出 •          • 입

🍦 다음 한자의 음훈(소리와 뜻)을 보고 알맞는 한자에 동그라미를 치세요

내천    出  入  山  川  田

메산    出  入  山  川  田

밭전    出  入  山  川  田

들입    出  入  山  川  田

날출    出  入  山  川  田

다음 밑줄 친 한자의 독음(읽는 소리)을 동그라미에 써넣으세요.

◯ 出생     ◯ 산田

◯ 入구     ◯ 出입

◯ 山림     ◯ 入학

◯ 하川     ◯ 등山

◯ 田원     ◯ 산川

다음 음훈(소리와 뜻)에 알맞는 한자를 네모 칸에 써넣으세요.

| | | | |
|---|---|---|---|
| 날 출 | 내 천 | 메 산 | 들 입 |

# 인
**사람 인**
person

손가락으로 화살표를 따라 그려보고 연필로 써보세요.

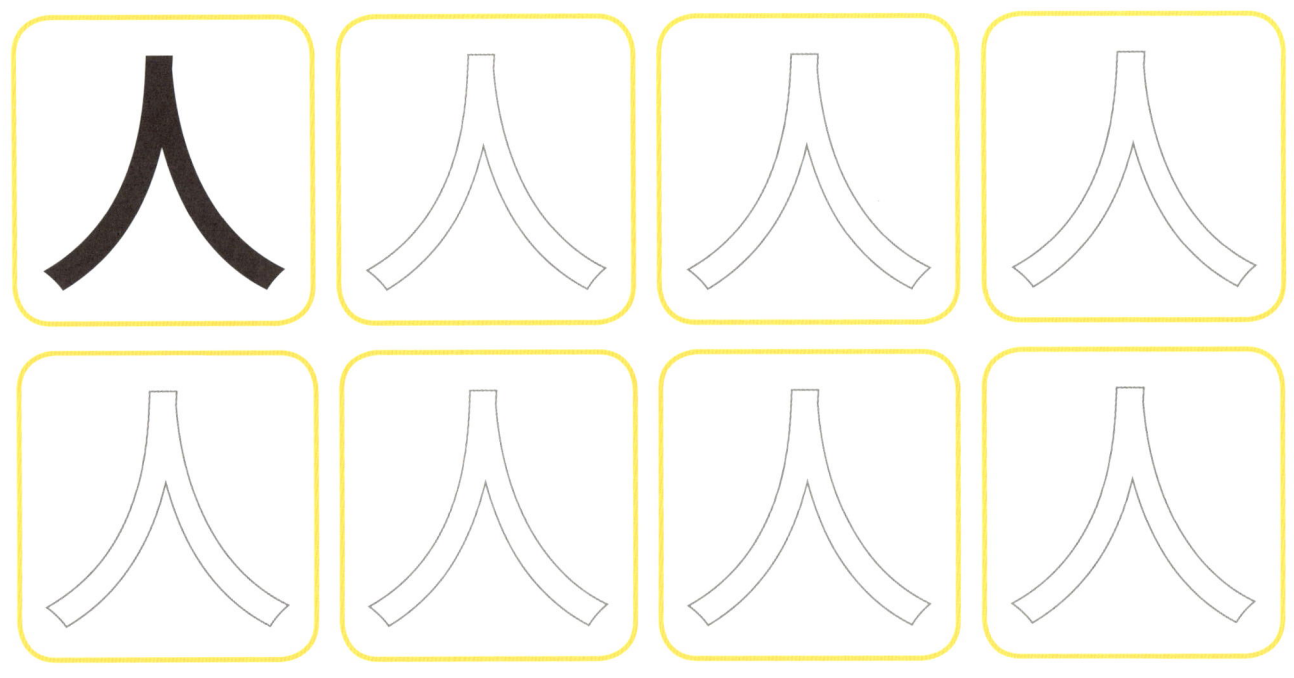한자를 보고 천천히 따라 써보세요.

☁️ 단어를 큰소리로 읽고 그림 한자를 예쁘게 색칠해요.

인 형
**人形**
*사람 모양의 장난감

주 인
**主人**
*물건의 임자

군 인
**軍人**
*육해공군의 장병

인 간
**人間**
*사람

🐱 한자를 보지 말고 또박또박 써보세요.

손가락으로 화살표를 따라 그려보고 연필로 써보세요.

입 구
mouth

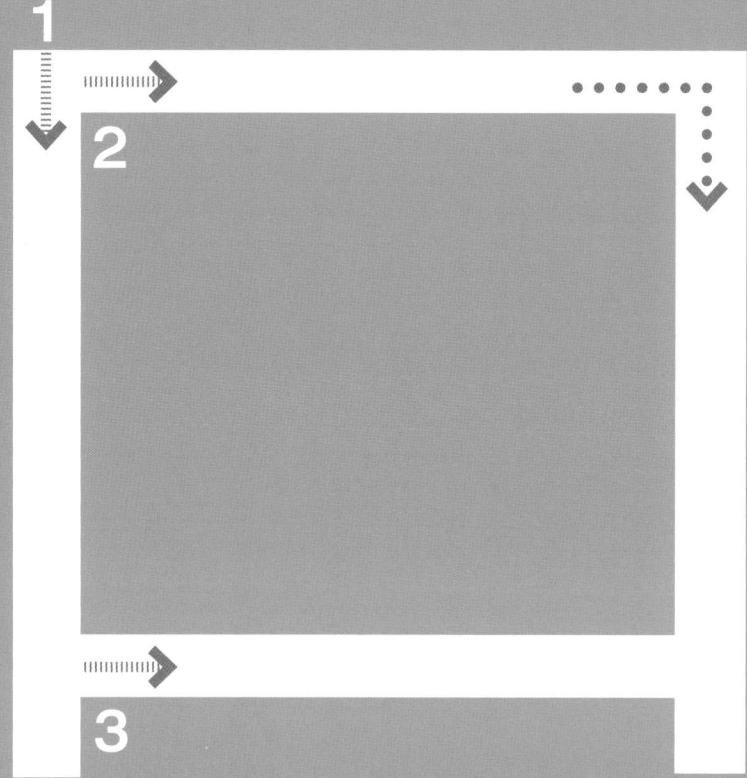

한자를 보고 천천히 따라 써보세요.

☁️ 단어를 큰소리로 읽고 그림 한자를 예쁘게 색칠해요.

**입 구**
**入口**
*들어가는 통로

**출 구**
**出口**
*나오는 통로

**인 구**
**人口**
*사람의 숫자

**가 구**
**家口**
*집안 식구

🐱 한자를 보지 말고 또박또박 써보세요.

# 수

**손 수**
hand

손가락으로 화살표를 따라 그려보고 연필로 써보세요.

한자를 보고 천천히 따라 써보세요.

단어를 큰소리로 읽고 그림 한자를 예쁘게 색칠해요.

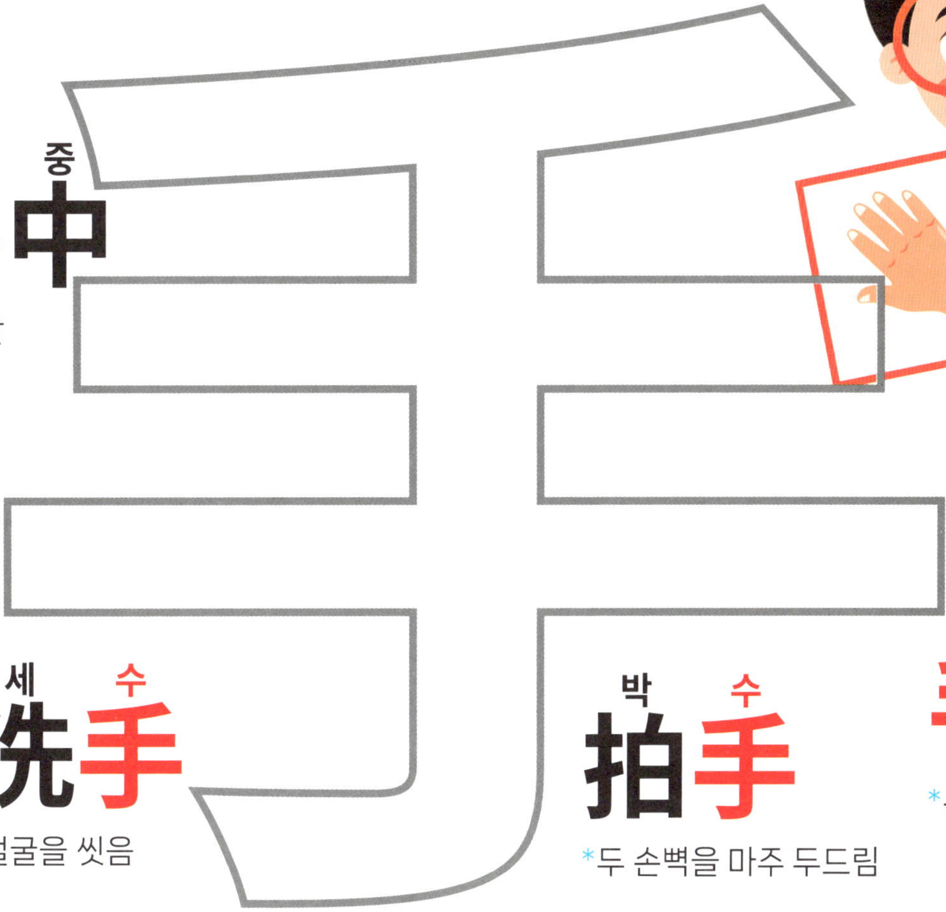

수 중
**手 中**
*손의 안

세 수
**洗 手**
*얼굴을 씻음

박 수
**拍 手**
*두 손뼉을 마주 두드림

수 족
**手 足**
*손발

한자를 보지 말고 또박또박 써보세요.

 손가락으로 화살표를 따라 그려보고 연필로 써보세요.

발 족
foot

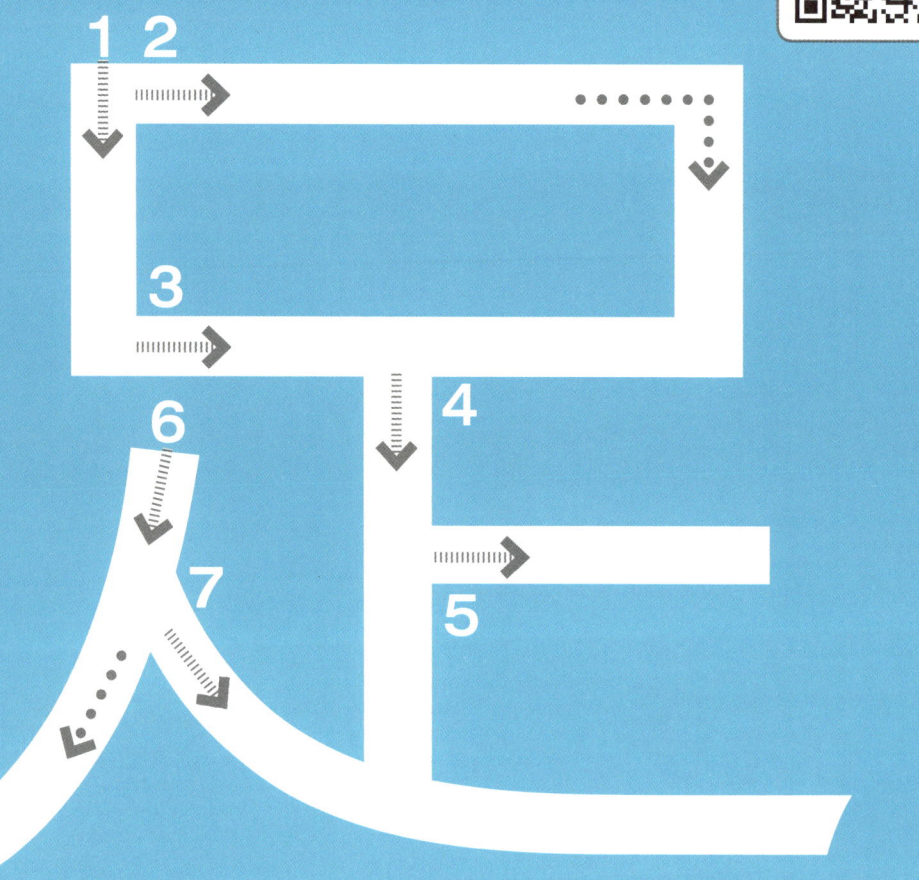

🐱 한자를 보고 천천히 따라 써보세요.

단어를 큰소리로 읽고 그림 한자를 예쁘게 색칠해요.

충 족
**充足**
*모자람이 없음

부 족
**不足**
*기준에 미치지 못함

만 족
**滿足**
*마음에 흡족함

족 구
**足球**
*발야구

한자를 보지 말고 또박또박 써보세요.

# 이
귀 이
ear

손가락으로 화살표를 따라 그려보고 연필로 써보세요.

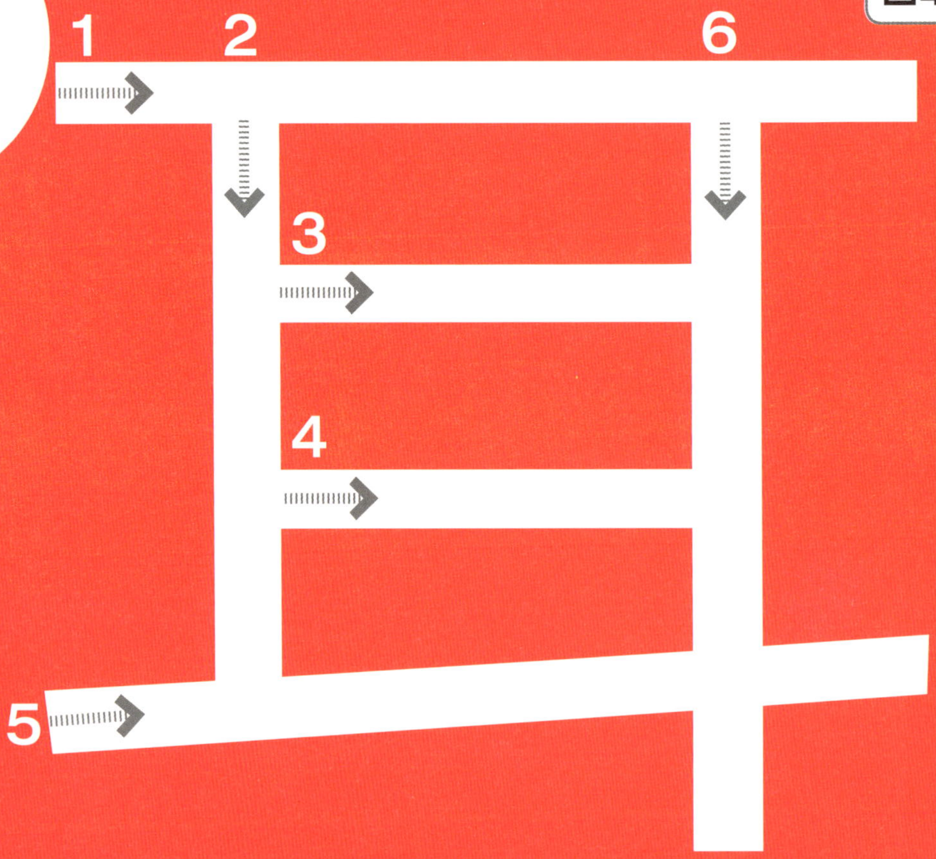

한자를 보고 천천히 따라 써보세요.

단어를 큰소리로 읽고 그림 한자를 예쁘게 색칠해요.

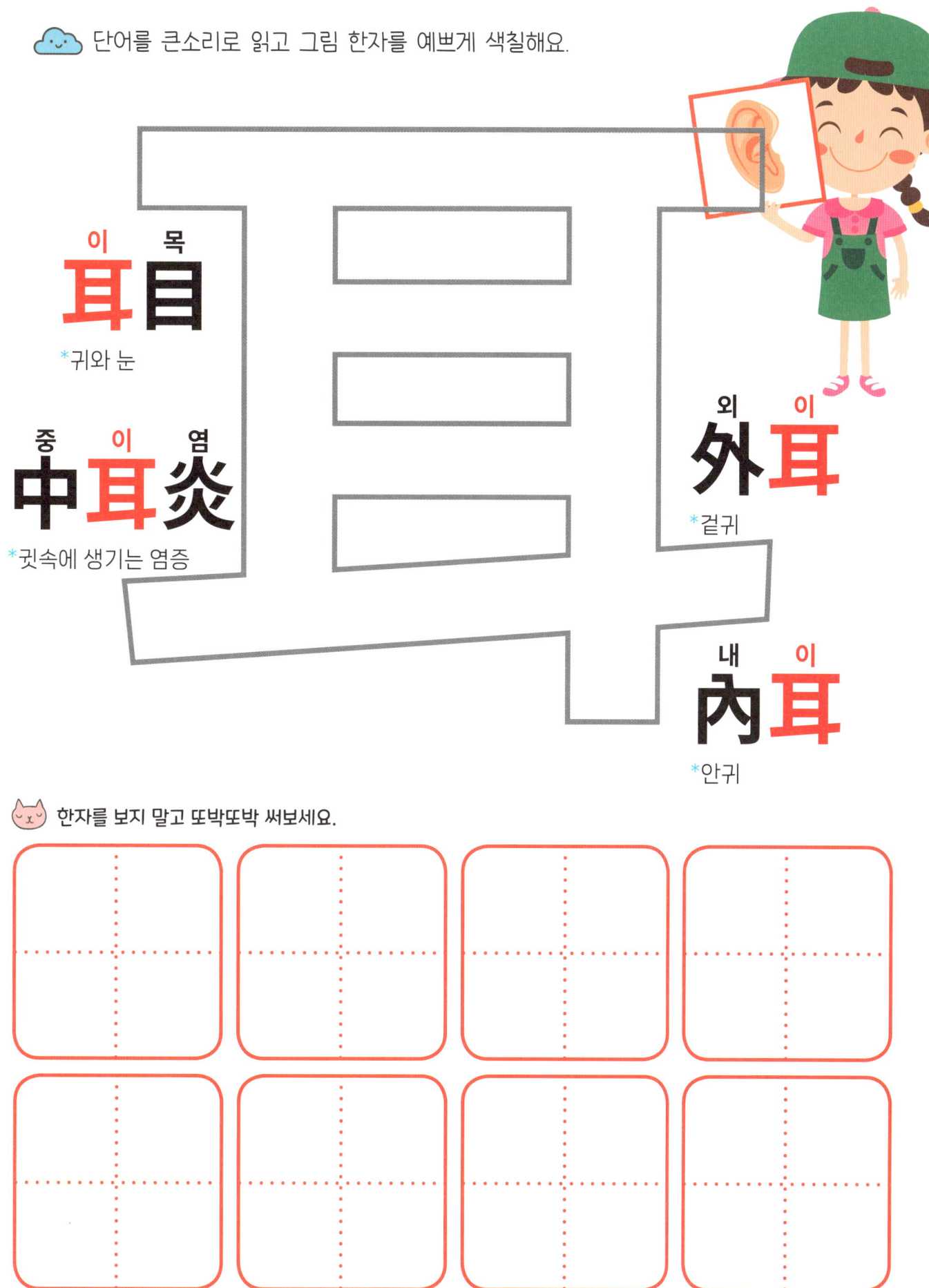

**耳目** (이목)
*귀와 눈

**中耳炎** (중이염)
*귓속에 생기는 염증

**外耳** (외이)
*겉귀

**內耳** (내이)
*안귀

한자를 보지 말고 또박또박 써보세요.

👍 다음 한자를 보고 알맞는 음(소리)을 선으로 연결해보세요.

| 耳 •|           | • 족 |
| 足 •|           | • 구 |
| 手 •|           | • 인 |
| 口 •|           | • 이 |
| 人 •|           | • 수 |

🍦 다음 한자의 음훈(소리와 뜻)을 보고 알맞는 한자에 동그라미를 치세요

귀 이    人 口 手 足 耳

손 수    人 口 手 足 耳

발 족    人 口 手 足 耳

입 구    人 口 手 足 耳

사람 인  人 口 手 足 耳

다음 밑줄 친 한자의 독음(읽는 소리)을 동그라미에 써넣으세요.

| 人형 | 중耳염 |
| 입口 | 人간 |
| 세手 | 출口 |
| 부足 | 박手 |
| 耳목 | 足구 |

다음 음훈(소리와 뜻)에 알맞는 한자를 네모 칸에 써넣으세요.

| | | | |
|---|---|---|---|
| 손 수 | 입 구 | 귀 이 | 발 족 |

# 목

눈 목
eye

손가락으로 화살표를 따라 그려보고 연필로 써보세요.

한자를 보고 천천히 따라 써보세요.

단어를 큰소리로 읽고 그림 한자를 예쁘게 색칠해요.

주 목
**注目**
*주의해서 봄

목 적
**目的**
*이루려 하는 일

목 전
**目前**
*눈앞, 지금

제 목
**題目**
*대표로 붙이는 이름

한자를 보지 말고 또박또박 써보세요.

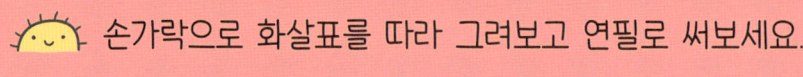 손가락으로 화살표를 따라 그려보고 연필로 써보세요.

마음 심
heart

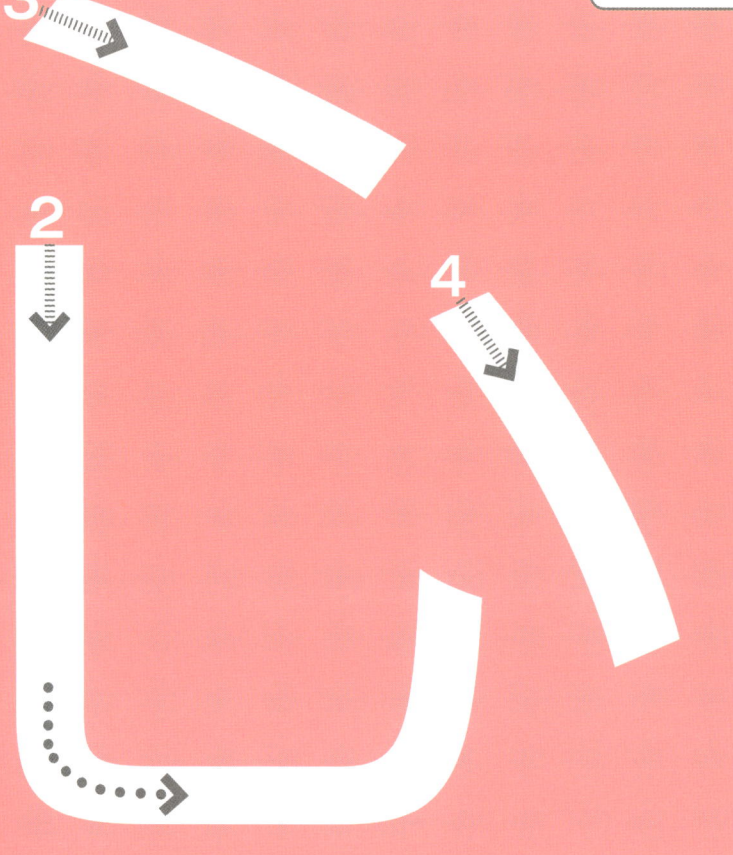

🐱 한자를 보고 천천히 따라 써보세요.

 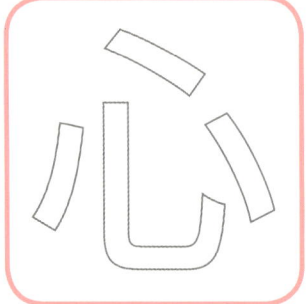 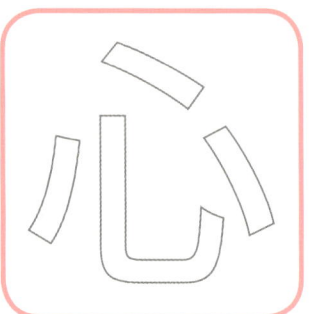 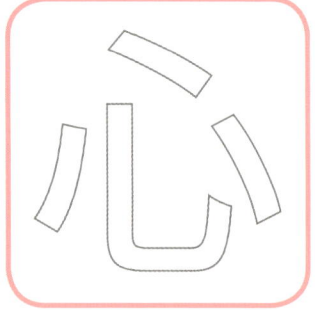

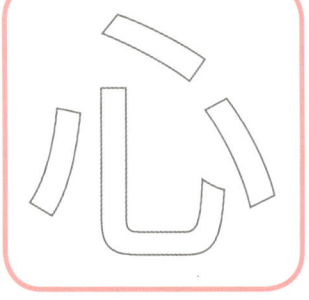 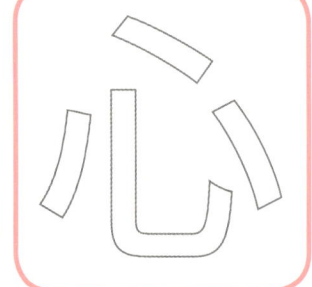  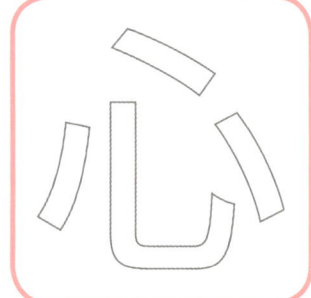

☁️ 단어를 큰소리로 읽고 그림 한자를 예쁘게 색칠해요.

**인 심**
**人心**
*사람의 마음

**중 심**
**中心**
*한가운데

**결 심**
**決心**
*마음을 먹음

**동 심**
**童心**
*어린이의 마음

🐱 한자를 보지 말고 또박또박 써보세요.

# 신

몸 신

**body**

손가락으로 화살표를 따라 그려보고 연필로 써보세요.

한자를 보고 천천히 따라 써보세요.

| | | | |
|---|---|---|---|
| 身 | 身 | 身 | 身 |
| 身 | 身 | 身 | 身 |

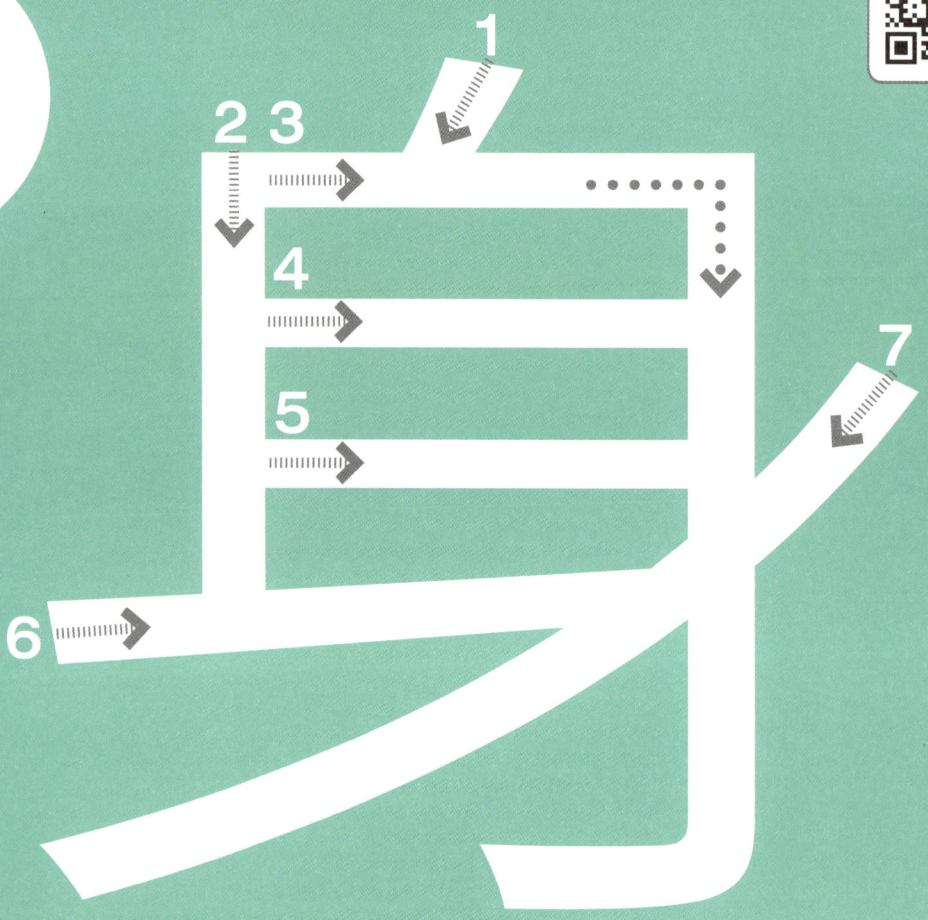

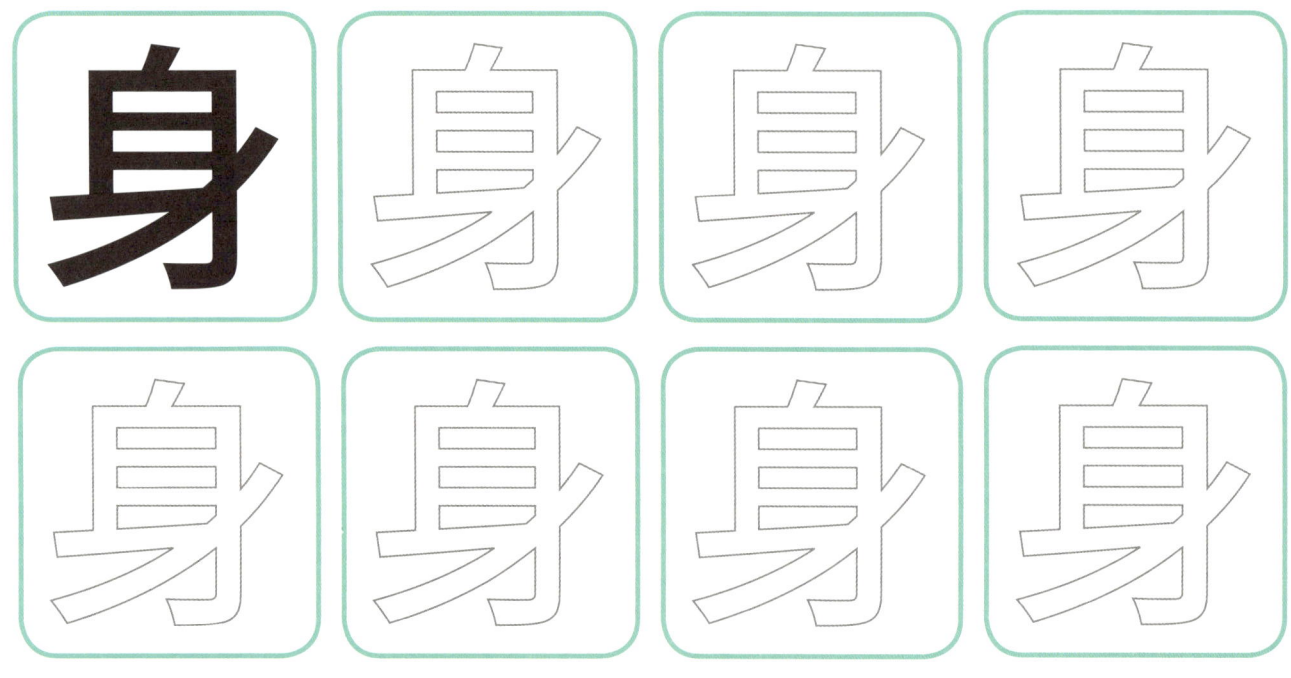

단어를 큰소리로 읽고 그림 한자를 예쁘게 색칠해요.

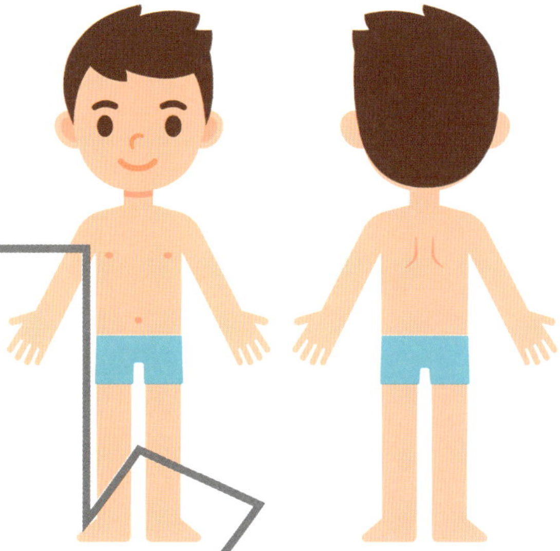

**자 신**
**自身**
*제 몸

**전 신**
**全身**
*온몸

**신 체**
**身體**
*사람의 몸

**신 장**
**身長**
*사람의 키

한자를 보지 말고 또박또박 써보세요.

**도**

칼 도
knife

손가락으로 화살표를 따라 그려보고 연필로 써보세요.

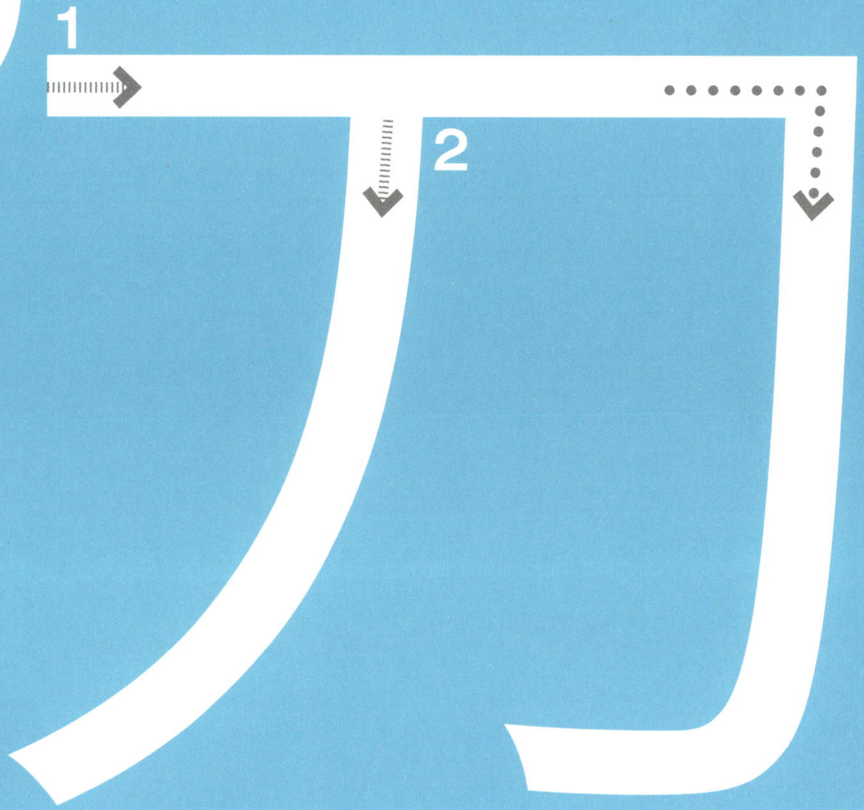

한자를 보고 천천히 따라 써보세요.

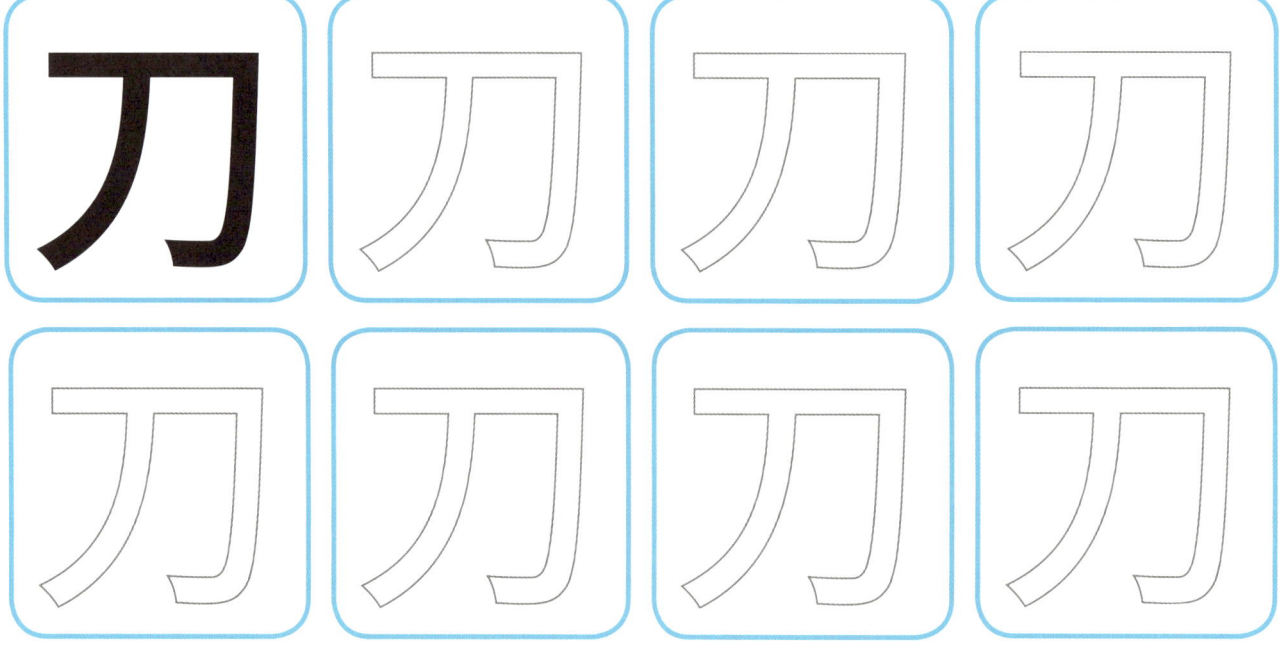

단어를 큰소리로 읽고 그림 한자를 예쁘게 색칠해요.

죽 도
竹刀
*대로 만든 칼

단 도
短刀
*짧은 칼

도 공
刀工
*칼을 만드는 사람

식 도
食刀
*부엌에서 쓰는 칼

한자를 보지 말고 또박또박 써보세요.

# 력

힘 력
power

😺 손가락으로 화살표를 따라 그려보고 연필로 써보세요.

力

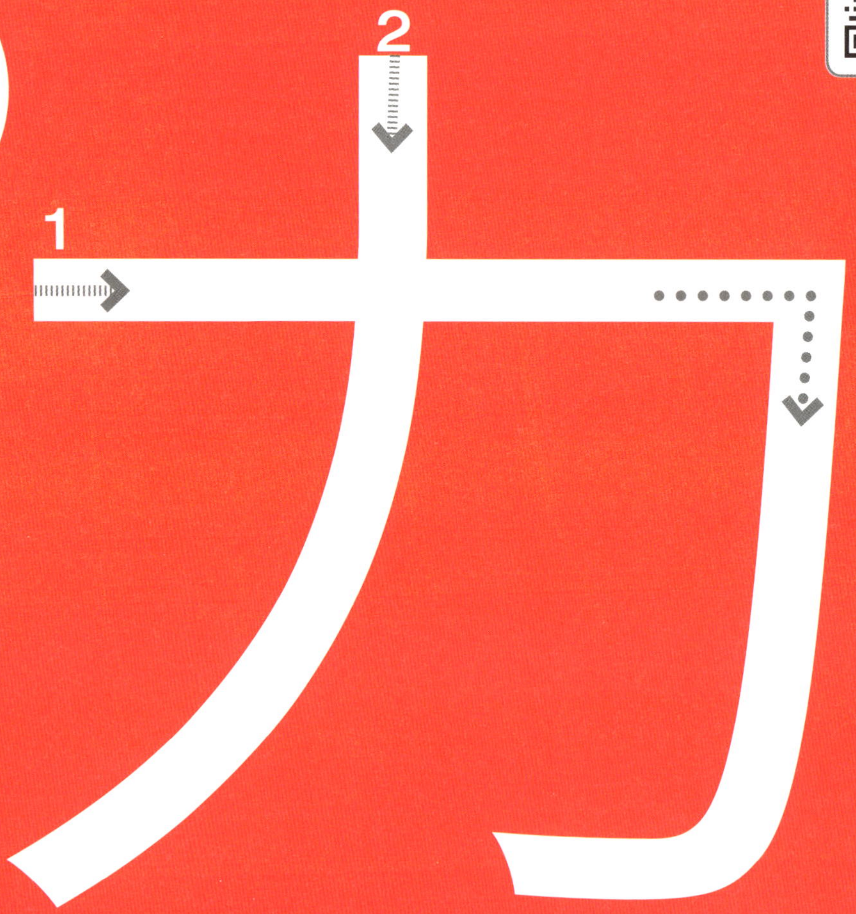

🐱 한자를 보고 천천히 따라 써보세요.

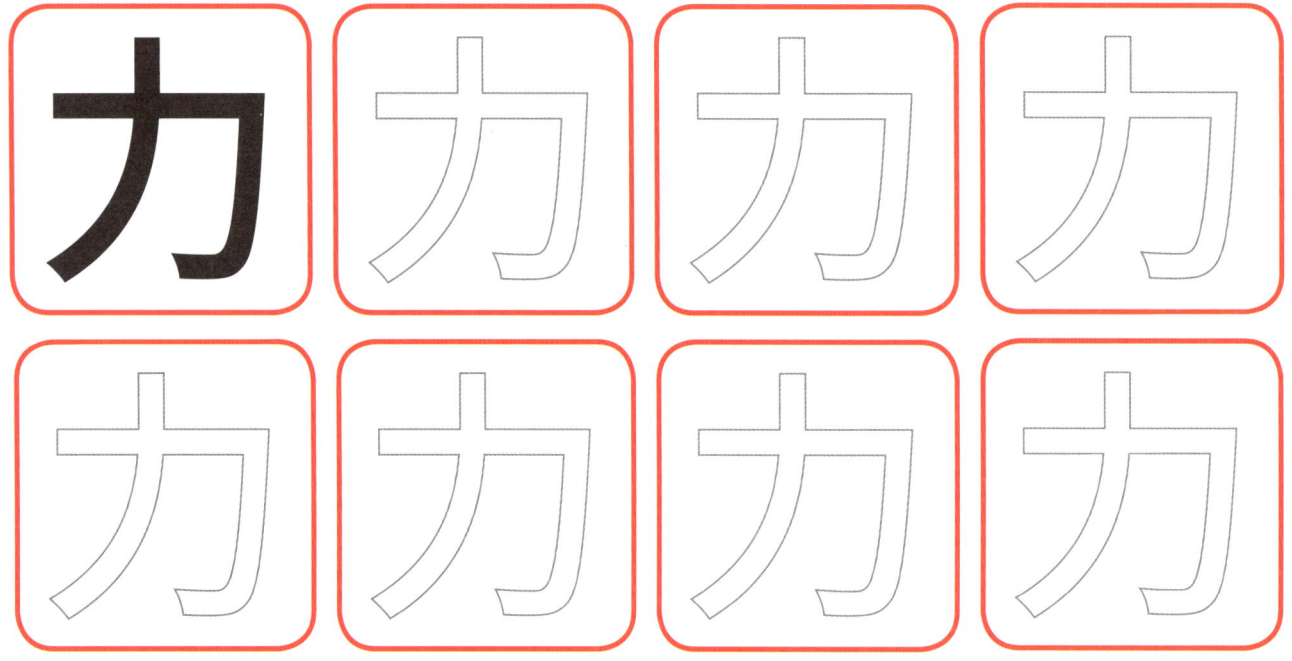

☁️ 단어를 큰소리로 읽고 그림 한자를 예쁘게 색칠해요.

**속 력**
速力
*속도의 크기

**노 력**
努力
*힘을 다함

**수 력**
水力
*물의 힘

**인 력**
人力
*사람의 힘

🐱 한자를 보지 말고 또박또박 써보세요.

👍 다음 한자를 보고 알맞는 음(소리)을 선으로 연결해보세요.

力 •          • 신
刀 •          • 심
身 •          • 목
心 •          • 력
目 •          • 도

🍦 다음 한자의 음훈(소리와 뜻)을 보고 알맞는 한자에 동그라미를 치세요

칼 도    目 心 身 刀 力

몸 신    目 心 身 刀 力

힘 력    目 心 身 刀 力

눈 목    目 心 身 刀 力

마음 심   目 心 身 刀 力

다음 밑줄 친 한자의 독음(읽는 소리)을 동그라미에 써넣으세요.

○ 目전　　○ 인力

○ 중心　　○ 제目

○ 전身　　○ 동心

○ 죽刀　　○ 身체

○ 속力　　○ 식刀

🐱 다음 음훈(소리와 뜻)에 알맞는 한자를 네모 칸에 써넣으세요.

| | | | |
|---|---|---|---|
| | | | |

마음 심　　눈 목　　힘 력　　칼 도

# 석

**저녁** 석
**evening**

손가락으로 화살표를 따라 그려보고 연필로 써보세요.

한자를 보고 천천히 따라 써보세요.

단어를 큰소리로 읽고 그림 한자를 예쁘게 색칠해요.

**석 양**
夕陽
*저녁때의 햇빛

**조 석**
朝夕
*아침저녁

**석 식**
夕食
*저녁밥

**추 석**
秋夕
*우리나라 명절의 하나

한자를 보지 말고 또박또박 써보세요.

 손가락으로 화살표를 따라 그려보고 연필로 써보세요.

활 궁
bow

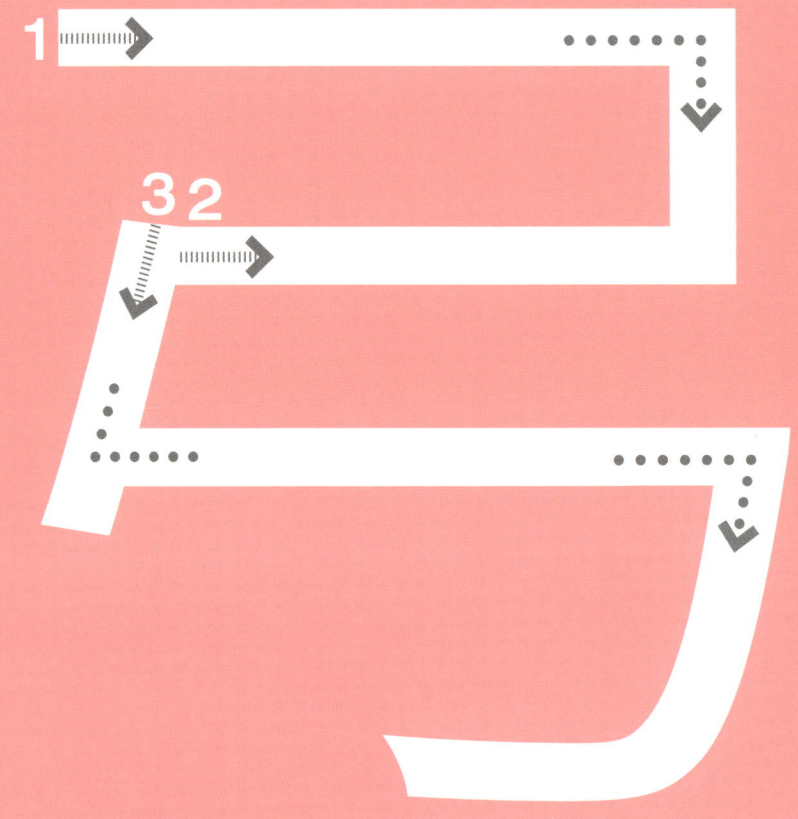

🐱 한자를 보고 천천히 따라 써보세요.

   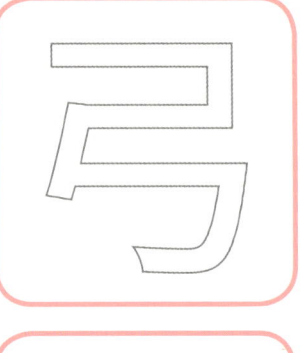

☁️ 단어를 큰소리로 읽고 그림 한자를 예쁘게 색칠해요.

**궁 도**
弓道
*궁술을 닦는 일

**양 궁**
洋弓
*서양 활

**궁 술**
弓術
*활을 쏘는 기술

**궁 수**
弓手
*활을 쏘는 사람

🐱 한자를 보지 말고 또박또박 써보세요.

# 립

설 립
stand

손가락으로 화살표를 따라 그려보고 연필로 써보세요.

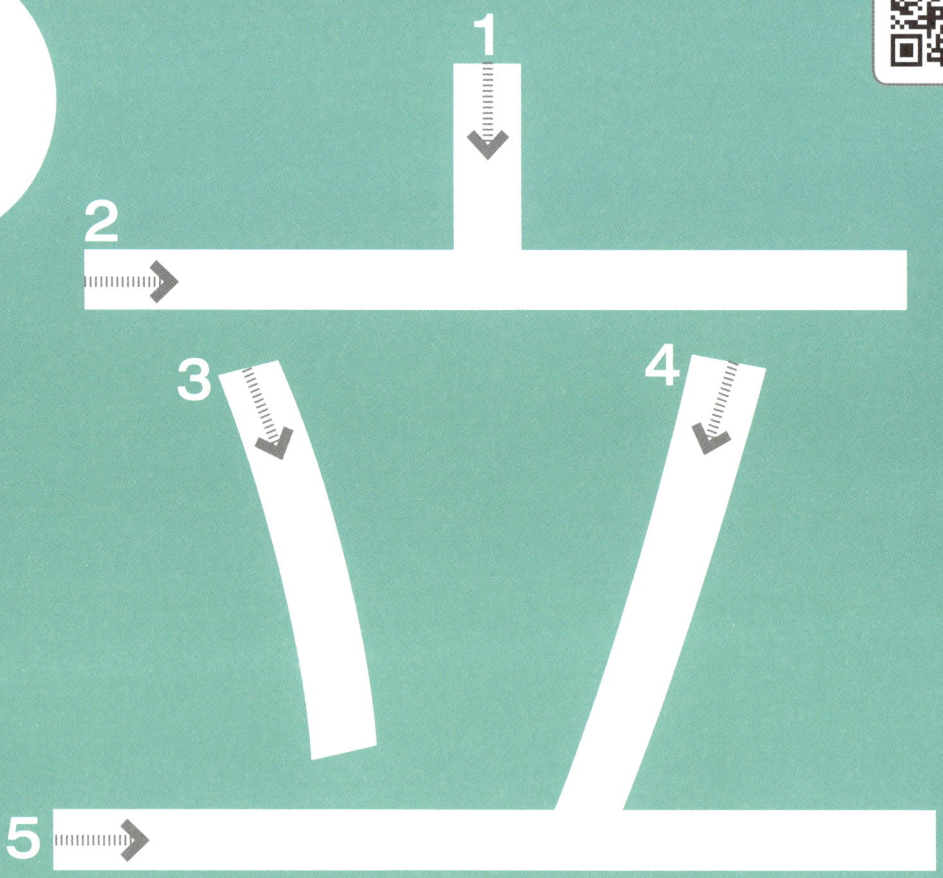

한자를 보고 천천히 따라 써보세요.

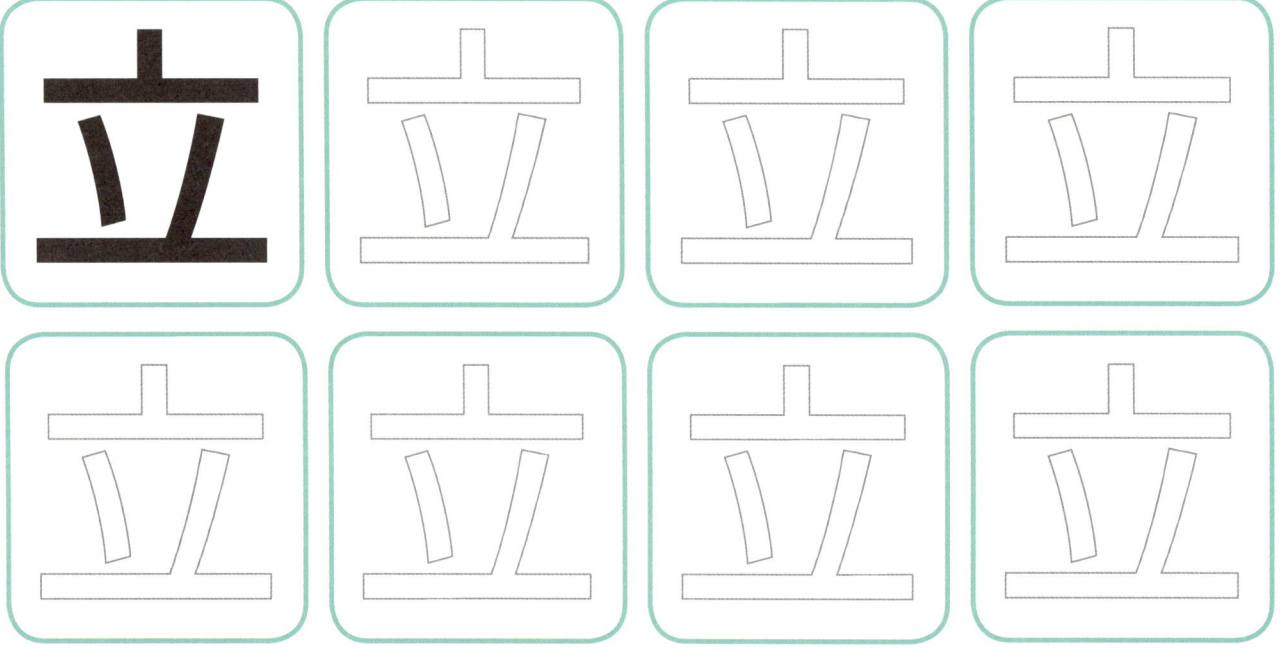

☁️ 단어를 큰소리로 읽고 그림 한자를 예쁘게 색칠해요.

**입 석**
立石
*선돌

**입 식**
立食
*음식을 서서 먹음

**국 립**
國立
*나라에서 세움

**기 립**
起立
*일어나서 섬

🐱 한자를 보지 말고 또박또박 써보세요.

# 공

**장인 공**
**worker**

손가락으로 화살표를 따라 그려보고 연필로 써보세요.

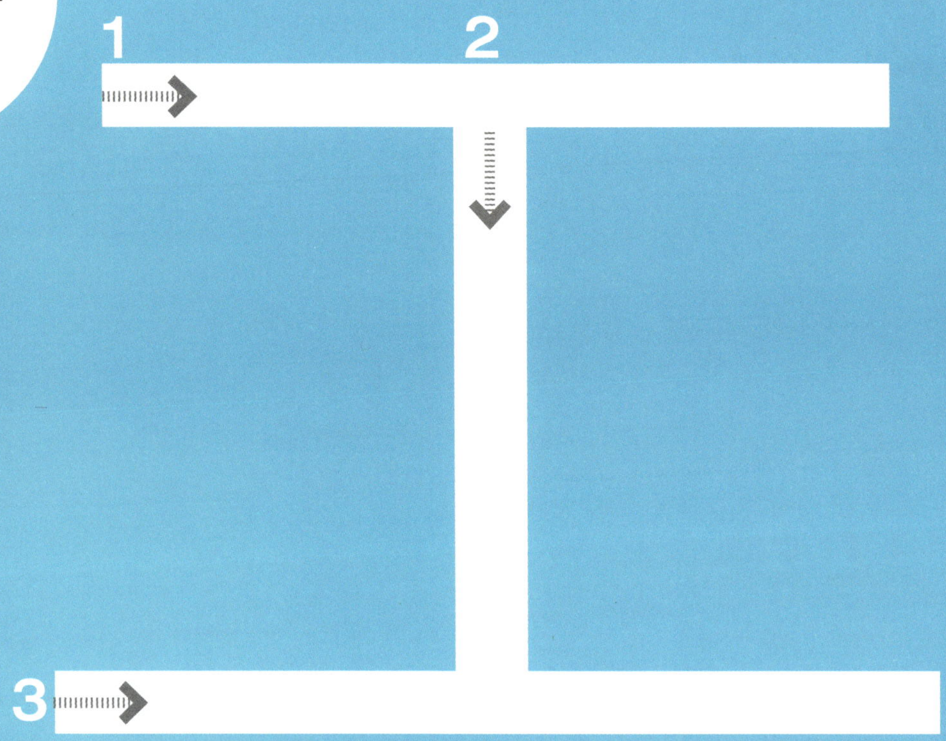

한자를 보고 천천히 따라 써보세요.

☁️ 단어를 큰소리로 읽고 그림 한자를 예쁘게 색칠해요.

공 부
**工**夫
*배우고 익힘

인 공
人**工**
*사람이 하는 일

공 장
**工**場
*물건을 만드는 곳

공 구
**工**具
*기구나 연장

🐱 한자를 보지 말고 또박또박 써보세요.

손가락으로 화살표를 따라 그려보고 연필로 써보세요.

## 강

강 강
river

한자를 보고 천천히 따라 써보세요.

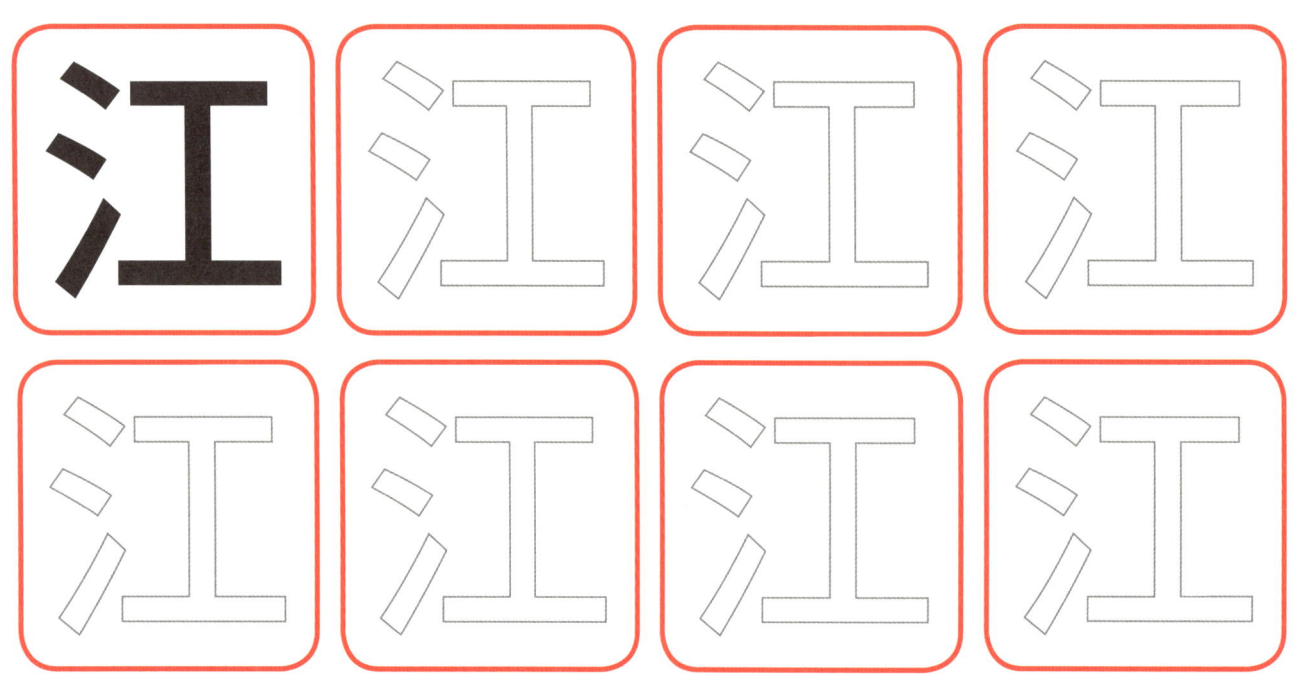

단어를 큰소리로 읽고 그림 한자를 예쁘게 색칠해요.

강 산
**江山**
*강과 산

강 북
**江北**
*강의 북쪽

강 촌
**江村**
*강가에 있는 마을

장 강
**長江**
*긴 강

한자를 보지 말고 또박또박 써보세요.

👍 다음 한자를 보고 알맞은 음(소리)을 선으로 연결해보세요.

江　　　　　　　　　　　립
工　　　　　　　　　　　궁
立　　　　　　　　　　　석
弓　　　　　　　　　　　공
夕　　　　　　　　　　　강

🍦 다음 한자의 음훈(소리와 뜻)을 보고 알맞은 한자에 동그라미를 치세요

활 궁　　　夕　弓　立　工　江

저녁 석　　夕　弓　立　工　江

강 강　　　夕　弓　立　工　江

장인 공　　夕　弓　立　工　江

설 립　　　夕　弓　立　工　江

다음 밑줄 친 한자의 독음(읽는 소리)을 동그라미에 써넣으세요.

| 夕식 | 江북 |
| 弓도 | 추夕 |
| 立식 | 양弓 |
| 工부 | 기立 |
| 江산 | 工구 |

다음 음훈(소리와 뜻)에 알맞는 한자를 네모 칸에 써넣으세요.

| | | | |
|---|---|---|---|
| 설 립 | 강 강 | 저녁 석 | 장인 공 |